Die

Staatskonkurs-Aufgaben

für den

höheren Justiz- und Verwaltungsdienst

im

Königreich Bayern.

V. Sammlung.

1. Lieferung:

Die Aufgaben im Jahre 1894

mit

den speziellen Aufgaben der Pfalz.

Mit hoher ministerieller Genehmigung.

München.
J. Schweitzer Verlag (Jos. Eichbichler).
1895.

Die Aufgaben pro 1895 erscheinen nach Beendigung des diesjährigen Staatskonkurses.

(Fortsetzung auf der 3. Umschlagseite.)

Die

Staatskonkurs-Aufgaben

im Jahre

1894.

Aufgabe
aus dem Landeszivilrecht.

1. Der Gutsbesitzer Adalbert von Mall hat in seinem Testamente vom 2. Januar 1830 ein Familienfideikommiß errichtet, zur Nachfolge seine Nachkommen „nach dem Rechte der Erstgeburt und nach der agnatisch-linealischen Erbfolge" berufen und zugleich bestimmt, daß ein Besitzer des Fideikommisses, der bei Vollendung des 30. Lebensjahres noch nicht verheiratet ist, den Besitz des Fideikommisses verlieren, und daß ein Nachkomme, der bei Anfall des Fideikommisses das 30. Lebensjahr bereits vollendet, aber noch keine Ehe geschlossen hat, in den Besitz des Fideikommisses nicht treten solle.

Der einzige Sohn des Stifters und erste Besitzer des Fideikommisses Ernst von Mall hat mit der ledigen Anna Maier einen Sohn Joseph, geboren den 1. Februar 1859, und in seiner im Jahre 1860 mit Friederike, geborenen von Stein, geschlossenen Ehe drei Söhne:

Johann, geboren den 2. Januar 1861,
Georg, geboren den 10. Februar 1865,
Hugo, geboren den 14. März 1866,

erzeugt.

Nach dem Tode seiner Gattin Friederike heiratete Ernst von Mall die Anna Maier und erkannte vor dem Standesbeamten das Kind Joseph an.

Im Jahre 1893 starb Ernst von Mall. Seine Söhne Joseph, Johann und Georg beanspruchten jeder für sich das Fideikommiß; der seit 10 Jahren verheiratete Joseph von Mall und der ledige Johann von Mall deshalb, weil jeder von ihnen sich als Erstgeborenen betrachtete und Johann von Mall die Bestimmung im Testamente seines Vaters, daß der über 30 Jahre alte nicht verheiratete Nachkomme von der Nachfolge in das Fideikommiß ausgeschlossen sei, für unwirksam hielt.

Georg von Mall war der Meinung, daß diese Bestimmung giltig und deren Anfechtung schon deshalb ausgeschlossen sei, weil die Errichtung des Fideikommisses vom Oberlandesgerichte bestätigt und das Fideikommiß in die Matrikel eingetragen wurde, und beanspruchte das Fideikommiß für sich, da auch Joseph von Mall als ein außer der Ehe erzeugtes Kind von der Nachfolge ausgeschlossen sei.

Hugo von Mall erachtete die Bestimmung über den Ausschluß der bei Vollendung des 30. Lebensjahres unverheirateten Nachkommen trotz der Bestätigung des Fideikommisses durch das Oberlandesgericht für rechtsunwirksam, zog aber hieraus den Schluß, daß das Fideikommiß, da der Wille des Stifters nicht verwirklicht werden könne, überhaupt nicht zu Recht bestehe, und verlangte, daß das Fideikommißvermögen gleich dem übrigen Nachlaß des Ernst von Mall unter die vier Söhne gleichheitlich verteilt werde.

Wie ist zu entscheiden?

---

2. Der Bäcker Michael Huber von Augsburg erhielt von dem Privatier Franz Ebert in Dachau zwei mit vier Prozent verzinsliche und in einem Vierteljahre nach erfolgter Kündigung zurückzahlbare Darlehen von 1000 ℳ und 2000 ℳ und bestellte auf seinem Anwesen für das Darlehen von 1000 ℳ an erster, für das von 2000 ℳ an zweiter Hypothek. Die beiden Hypotheken wurden im Hypothekenbuche eingetragen.

Am 1. September 1885 vertauschte Michael Huber sein Anwesen an den Konditor Johann Martin in Augsburg, Dieser übernahm in Anrechnung auf die von ihm zu leistende Tauschaufgabe die beiden Hypothekforderungen des Franz Ebert als persönlicher Schuldner. Die Uebernahme teilte der beurkundende Notar im Auftrage des Huber dem Franz Ebert mit. Ebert gab jedoch eine Erklärung hierauf nicht ab. Am 1. Januar 1886 verkaufte Johann Martin sein Anwesen an Bernhard Kaiser von Augsburg. Der Käufer übernahm in Anrechnung auf den Kaufschilling die Hypothekforderungen des Franz Ebert als persönlicher Schuldner.

Am 15. Mai 1886 wurde über das Vermögen des Johann Martin der Konkurs eröffnet. Im Konkurse meldete Franz Ebert seine beiden Darlehensforderungen und zwar die von 1000 ℳ am 1. Juni, die von 2000 ℳ am 15. Juni 1886 an. Die Forderungen wurden, da ein Widerspruch nicht erfolgte, zum vollen Betrage in die Konkurstabelle eingestellt. Bei der am 15. September 1886 vorgenommenen Schlußverteilung fiel auf jede von ihnen ein Anteil von zehn Prozent.

Am 25. September 1886 übergab Bernhard Kaiser das Anwesen seinem Schwiegersohne Richard Kohl, der in Ausweisung des Uebergabsschillings die beiden Hypothekforderungen des Franz Ebert im Restbetrage von 2700 ℳ als persönlicher Schuldner übernahm. Eine förmliche Anzeige der Übernahme an Franz Ebert fand nicht statt.

Auf Bitte des Richard Kohl trat Franz Ebert am 1. April 1888 zu gunsten eines von Kohl aufgenommenen Bankkapitals mit seinen beiden Hypotheken von der ersten und zweiten auf die zweite und dritte Hypothekstelle zurück.

Am 15. November 1893 ließ Franz Ebert dem Richard Kohl, der ihm bis dahin die Zinsen bezahlt hatte, durch den Gerichtsvollzieher die Erklärung zustellen, daß er die beiden Hypothekforderungen in ihrem Restbetrage von 2700 ℳ zur Heimzahlung in einem Vierteljahre kündige.

Da Zahlung nicht erfolgte, erhob Franz Ebert gegen Bernhard Kaiser auf grund der Schuldübernahme vom 1. Januar 1886 Klage auf Zahlung der 2700 ℳ. In der am 18. Juni 1894 gepflogenen mündlichen Verhandlung über die am 16. März 1894 zugestellte Klage beantragte der Beklagte die Klagsabweisung. Er machte geltend, daß er von der Haftung für die eingeklagten Forderungen frei sei. Der Kläger habe nemlich die Forderungen im Konkurse des Johann Martin angemeldet und aus der Konkursmasse Zahlung angenommen, er habe von Kohl Zinszahlungen entgegengenommen, dem Kohl gegenüber in eine Änderung der Rangordnung gewilligt und diesem gekündigt. In zweiter Linie wendete der Beklagte ein, daß die eingeklagten Forderungen ihm gegenüber nicht fällig seien.

Der Kläger bezeichnete die Auffassung des Beklagten als irrig und bemerkte, daß die Fälligkeit der Forderungen bereits durch die Eröffnung des Konkurses über das Vermögen des Johann Martin und durch die gegenüber Richard Kohl erfolgte Kündigung eingetreten sei.

Wie ist in der Sache zu entscheiden?

Wie wäre zu entscheiden, wenn Franz Ebert nicht gegen Bernhard Kaiser sondern gegen Michael Huber Klage erhoben und dieser nur eingewendet hätte, er sei von der Haftung für die eingeklagten Forderungen frei, weil der Kläger sie im Konkurse des Martin angemeldet und dort Zahlung angenommen habe?

Bei der Bearbeitung sind neben den Reichsgesetzen das gemeine Recht und die für das ganze Gebiet desselben in Bayern geltenden Landesgesetze anzuwenden.

Die Entscheidungen sind zu begründen, hiebei sind alle geltend gemachten rechtlichen Gesichtspunkte zu würdigen.

I. Aufgabe

aus dem Reichszivilrecht und Zivilprozeßrecht.

Der Kaufmann Schwind war Mitglied des Vorschußvereines Neubronn, eingetragene Genossenschaft mit unbeschränkter Haftpflicht, und hatte bereits im Jahre 1889 von dem durch das Statut auf 500 ℳ festgesetzten Geschäftsanteil 400 ℳ einbezahlt.

Am 3. Februar 1890 erhielt Schwind vom Vorschußvereine ein Darlehen von 300 M und am 1. Juli 1890 von dem Agenten Appel ein solches von 1000 M. Dem letzteren zedierte er zur Deckung dieses Darlehens sein Geschäftsguthaben, wie sich dasselbe beim Austritt aus der Genossenschaft, den Schwind für den 31. Dezember 1893 in Aussicht stellte, berechnen würde.

Von diesem Uebereinkommen setzten Schwind und Appel am 4. Juli 1890 den Vorstand des Vorschußvereins mit Gerichtsvollzieherakt in Kenntnis; der Vorstand erklärte aber sofort, daß der Vorschußverein die Zession nicht berücksichtigen werde, da kein Genosse über sein Geschäftsguthaben vor dem Ausscheiden verfügen könne.

Am 7. Juli 1890 erhielt Schwind vom Vorschußverein ein weiteres Darlehen von 100 M.

Aus der Bilanz des Vorschußvereins für das Jahr 1890 ergab sich für Schwind ein Gewinnanteil von 100 M, der seinem Geschäftsanteil zugeschrieben wurde.

Am 2. November 1891 erhielt Schwind von dem Vorschußvereine ein ferneres Darlehen von 200 M., bei dessen Hingabe die Parteien darüber einverstanden waren, daß es durch Einbehaltung der für die nächsten Jahre zu erwartenden Gewinnanteile gedeckt werden solle. Buchmäßig wurden die Gewinnanteile für die Jahre 1891 bis 1893 mit zusammen 500 M dem Schwind gutgeschrieben.

Im Monat August 1893 kündigte Schwind, der inzwischen sein ganzes Vermögen verloren hatte, zum Schlusse des laufenden Geschäfts- und Kalenderjahres die Mitgliedschaft, und seine Aufkündigung wurde am 2. Oktober 1893 in die Liste der Genossen eingetragen.

Bei der Auseinandersetzung mit der Genossenschaft ergab sich auf Grund der Bilanz des Jahres 1893 zu gunsten des Schwind ein Betrag von 1000 M (500 M Geschäftsanteil und 500 M Gewinnanteile aus den Jahren 1891—1893).

Am 16. Juli 1894 erwirkte Müller, ein Gläubiger des Schwind, bis zum Betrage von 400 M die Pfändung und Ueberweisung des dem Schwind gegen den Vorschußverein zustehenden Anspruchs.

Am 2. August 1894 erhob Appel als Zessionar des Schwind gegen den Vorschußverein Klage auf den Betrag von 1000 ℳ. Der Vorschußverein lehnte jedoch jede Zahlung an Appel ab, da Schwind nach Abzug der drei Darlehen des Vereins nur 400 ℳ zu fordern habe und auch dieser Betrag — in Folge der durch Müller erwirkten Pfändung und Ueberweisung — nicht an Appel sondern an Müller zu zahlen sei.

Wie ist zu entscheiden?

Welche Schritte hätte Appel zur Geltendmachung der von ihm gegen die Genossenschaft erhobenen Ansprüche zu thun, wenn Schwind die Aufkündigung verweigert hätte?

Wie wäre die letztere Frage zu beantworten, wenn über das Vermögen des Schwind der Konkurs eröffnet worden wäre und sowohl Schwind selbst als der Konkursverwalter es ablehnen würden, die Mitgliedschaft aufzukündigen?

Neben den Reichsgesetzen haben die Kandidaten, welche die Prüfung in den Landesteilen rechts des Rheins ablegen, das gemeine Recht und die für das ganze Gebiet desselben in Bayern geltenden Landesgesetze, die Kandidaten, welche die Prüfung in der Pfalz ablegen, das dort geltende Landesrecht anzuwenden.

Die Entscheidungen sind zu begründen.

II. Aufgabe
aus dem Reichszivilrecht und Zivilprozeßrecht.

Der Kaufmann Lutz in München hat am 1. August 1894 an die Ordre des Kaufmanns Berg auf den Bankier Dorn in Königsberg einen Wechsel zu 1000 ℳ, zahlbar am 31. Oktober 1894, gezogen und auf Ersuchen des Berg diesem drei gleichlautende Exemplare des Wechsels eingehändigt, die im Kontexte als Prima, Sekunda und Tertia bezeichnet waren. Berg hatte nämlich Lutz erklärt, er beabsichtige eines dieser Exemplare zum Akzepte nach Königsberg zu senden und zugleich den Wechsel weiter zu begeben; in seinem Geschäfte sei es aber Sitte, die Wechsel, wenn sie an auswärtige Firmen indossiert werden, zur Vermeidung von Verlusten in zwei Exemplaren mit verschiedenen Transportgelegenheiten zu übersenden.

Berg schickte die Prima an seinen Geschäftsfreund den Spediteur Meyer in Königsberg mit dem Ersuchen, das Akzept des Dorn zu erholen und den Wechsel bis auf weiteres zu verwahren, und bemerkte auf der Sekunda und Tertia, daß die Prima zum Akzept versendet und bei dem Spediteur Meyer in Königsberg anzutreffen sei. Hierauf indossierte er die Sekunda und Tertia auf die Firma Schulz u. Cie. in Bremen und übersandte sie dieser Firma gesondert an zwei auf einander folgenden Tagen.

Schulz u. Cie. indossierten die Sekunda und Tertia in blanco und übersandten sie ebenfalls mit gesonderten Transportgelegenheiten an den Bankier Adler in München. Adler trat sofort die Sekunda dem Kaufmann Huber in München und drei Tage später die Tertia dem Kaufmann Schmid in München ab und übergab beide Wechsel den Genannten ohne eigenes Indossament. Hiebei spiegelte er dem Kaufmann Schmid vor, die Sekunda sei zu Verlust gegangen. Huber übertrug hierauf die Sekunda durch Ausfüllung des Blankoindossaments der Firma Schulz u. Cie. an den Bankier Müller in München und Schmid in gleicher Weise die Tertia an den Bankier Keller in München.

Müller ersuchte nun am 4. Oktober 1894 den Spediteur Meyer, er möge ihm die Prima, die inzwischen durch Dorn akzeptiert worden war, herausgeben. Dasselbe Verlangen stellte auch Keller zwei Tage später an Meyer. Meyer verweigerte jedoch beiden gegenüber die Herausgabe, da Berg ihm bereits am 1. Oktober 1894 geschrieben hatte, er solle die Prima nicht herausgeben, sondern sie ihm, Berg, wenn er Mitte Oktober nach Königsberg komme, zurückstellen. —

Ist die Weigerung des Meyer gerechtfertigt?

Hätte Meyer, wenn er keine Weisung von Berg erhalten hätte, die Prima an Müller oder an Keller herauszugeben?

Können Müller und Keller, wenn sie weder von Meyer die Prima, noch auf die Sekunda und Tertia Zahlung erhalten haben, gegen Lutz, Berg, Dorn, Schulz u. Cie., Adler, Huber und Schmid im Wechselprozesse Ansprüche erheben? Setzen diese Ansprüche die Erhebung von Protesten voraus?

Gesetzt, Müller habe aus der Sekunda gegen Lutz Klage erhoben und hierauf gegen Aushändigung der Sekunda die Wechselsumme von Lutz erhalten, gesetzt weiter, Keller habe später von Berg, dem von der Einlösung der Sekunda nichts bekannt war, gegen Aushändigung der Tertia die Wechselsumme erhalten, kann Berg aus der Tertia gegen Lutz und Schulz u. Cie. Ansprüche im Wechselprozesse erheben?

Neben den Reichsgesetzen haben die Kandidaten, welche die Prüfung in den Landesteilen rechts des Rheins ablegen, das gemeine Recht und die für das ganze Gebiet desselben in Bayern geltenden Landesgesetze, die Kandidaten, welche die Prüfung in der Pfalz ablegen, das dort geltende Landesrecht anzuwenden.

Die Entscheidungen sind zu begründen.

III. Aufgabe
aus dem Reichszivilrecht und Zivilprozeßrecht.

1. Der Bankier Huber hat am 2. Januar 1894 im eigenen Namen aber für Rechnung des Bankiers Fischer an die offene Handelsgesellschaft Berg & Cie. für 30000 ℳ Wertpapiere verkauft und am 10. Januar 1894 seine For-

derung aus diesem Kaufe an Fischer cediert, der an demselben Tage die Firma Berg & Cie. mit Gerichtsvollzieherakt von der Cession verständigte. Am 5. Februar 1894 ist über das Vermögen des Fischer der Konkurs eröffnet worden und der Konkursverwalter Stoll verlangt nunmehr von Berg & Cie. den Preis der Wertpapiere mit 30000 M.

Die Firma Berg & Cie. lehnte jede Zahlung ab; denn der Kaufmann Schmid, ein Gesellschafter der Firma Berg & Cie., habe seit einem Jahre von Huber und Fischer je 15000 M Darlehen zu fordern und diese Forderungen, die erste am 5. Januar, die zweite am 5. März, der Gesellschaft Berg & Cie. zediert, die hievon am 6. Januar Huber und am 6. März den Konkursverwalter Stoll mit Gerichtsvollzieherakt verständigt habe.

Stoll erkannte das thatsächliche Vorbringen der Firma Berg & Cie. als richtig an, bestritt aber unter Berufung auf Art. 368 Abs. 2 des Handelsgesetzbuchs und § 48 Z. 2 der Konkursordnung, daß die Forderungen der Firma Berg & Cie. an der Forderung der Konkursmasse in Abzug gebracht werden dürften.

Wie ist zu entscheiden?

---

2. Das Amtsgericht Augsburg hat in einem für vorläufig vollstreckbar erklärten Urteil vom 1. Februar 1894 den Kaufmann Huber verurteilt, an den Kaufmann Maier 200 M zu bezahlen und in einem Beschlusse vom 3. Februar 1894 den Betrag der von Huber dem Maier auf grund eines anderen Urteils zu erstattenden Kosten auf 70 M festgesetzt.

Der Anspruch des Maier aus dem Urteil vom 1. Februar 1894 ist dem Kaufmann Berg, einem Gläubiger des Maier, gemäß § 736 der Z.-Pr.-O. zur Einziehung überwiesen und hierauf diesem „als Rechtsnachfolger des Maier" eine vollstreckbare Ausfertigung des Urteils vom 1. Februar 1894 erteilt worden. Zur Abwendung der Zwangsvollstreckung hat Huber sofort nach der Zustellung des Urteils und des Kostenfestsetzungsbeschlusses vom 10. Februar 1894 dem Berg die 200 ℳ und dem Maier die 70 ℳ bezahlt. Huber ist aber in der Lage nachzuweisen, daß die Forderung des Maier unbegründet ist, und daß der Betrag der von ihm dem Maier zu erstattenden Kosten irrtümlicher Weise auf 70 ℳ statt auf 30 ℳ festgesetzt worden ist. Er möchte daher die Abänderung des Urteils vom 1. Februar 1894 und des Kostenfestsetzungsbeschlusses vom 3. Februar 1894, insbesondere aber, da er der Anschauung ist, daß ihm für die Rückzahlung der 200 ℳ sowohl Maier als Berg hafte, die Verurteilung jedes dieser beiden zur Bezahlung von 200 ℳ, sowie überdies die Verurteilung des Maier zur Erstattung von 40 ℳ zuviel bezahlter Kosten herbeiführen, und wandte sich am 11. Februar 1894 an einen Rechtsverständigen mit der Frage, ob und auf welchem Wege er dieses Ziel erreichen könne.

Wie ist zu antworten?

Hätte Huber die Erteilung einer vollstreckbaren Ausfertigung an Berg mit Aussicht auf Erfolg bekämpfen können, wenn er geltend gemacht hätte, daß Berg kein Rechtsnachfolger des Maier und daß überdies der Anspruch des Maier rechtshängig, sohin der Eintritt des Berg in das Vollstreckungsverfahren unzulässig sei?

Neben den Reichsgesetzen haben die Kandidaten, welche die Prüfung in den Landesteilen rechts des Rheins ablegen, das gemeine Recht und die für das ganze Gebiet desselben in Bayern geltenden Landesgesetze, die Kandidaten, welche die Prüfung in der Pfalz ablegen, das dort geltende Landesrecht anzuwenden.

Die Entscheidungen sind zu begründen.

IV. Aufgabe
aus dem Reichszivilrecht und Zivilprozeßrecht.

1. In der bei dem Amtsgerichte Wiesen anhängigen

Streitsache des Kaufmanns Schott gegen den Kaufmann Stein beantragte der Beklagte, die Klage aus drei Gründen abzuweisen:

1. er wohne nicht im Bezirke des Amtsgerichts Wiesen, sondern im Bezirke des Amtsgerichts Felden,
2. der Wert des Streitgegenstandes übersteige 300 ℳ,
3. der Rechtsweg sei unzulässig.

Wie hat das Gericht zu entscheiden:

a) wenn es sich für örtlich und sachlich unzuständig und den Rechtsweg für unzulässig,
b) wenn es sich für örtlich und sachlich unzuständig, den Rechtsweg aber für zulässig erachtet?

Das Amtsgericht Wiesen ging von der letzteren Anschauung aus und erließ folgendes Urteil:

I. Die Einrede der Unzulässigkeit des Rechtsweges wird verworfen.
II. Die Klage wird unter Verurteilung des Klägers zur Tragung der Kosten wegen örtlicher und sachlicher Unzuständigkeit des Amtsgerichts Wiesen abgewiesen.

Gegen dieses Urteil legten Schott und Stein die Berufung ein.

In der Verhandlung vor dem Berufungsgerichte erklärte Schott, er habe sich inzwischen selbst überzeugt, daß das Amtsgericht Wiesen örtlich nicht zuständig sei. Dagegen beruhe die Annahme dieses Gerichts, daß die Sache zur landgerichtlichen Zuständigkeit gehöre, auf einem Irrtume, und er bitte daher, das Urteil des Amtsgerichts Wiesen insoferne aufzuheben, als es die Klage auch wegen sachlicher Unzuständigkeit abweist; die Berufung des Stein sei unzulässig, da Stein durch das amtsgerichtliche Urteil nicht beschwert sei. Stein beantragte unter Abänderung der Ziffer I des amtsgerichtlichen Urteils den Rechtsweg für unzulässig zu erklären.

Wie hat das Berufungsgericht zu entscheiden:

a) wenn es das Amtsgericht Wiesen für örtlich und sachlich unzuständig und den Rechtsweg für unzulässig,

b) wenn es das Amtsgericht Wiesen für örtlich und sachlich unzuständig, den Rechtsweg aber für zulässig erachtet?

---

2. Das Amtsgericht Mühlberg hat die Klage des Kaufmanns Maier gegen den Kaufmann Huber auf Bezahlung eines Darlehens von 300 ℳ abgewiesen, das Landgericht Mühlberg aber auf Berufung des Klägers die Klage nur bis zu dem Betrage von 100 ℳ abgewiesen und den Beklagten zur Bezahlung von 200 ℳ verurteilt. Im Thatbestande des landgerichtlichen Urteils wurde festgestellt, daß der Beklagte den klägerischen Anspruch bis zu einem Betrage von 200 ℳ anerkannt und daß der Kläger eingeräumt habe, den Rest des Darlehens persönlich am 1. Januar 1894 in Augsburg von dem Beklagten bezahlt erhalten zu haben. In den Entscheidungsgründen ist lediglich auf diese Feststellungen im Thatbestande verwiesen. Im Sitzungsprotokoll ist über die Erklärungen des Klägers und des Beklagten nichts bemerkt.

In Wirklichkeit hatte aber bei der landgerichtlichen Verhandlung der Beklagte die klägerische Forderung nur bis zu dem Betrage von 100 ℳ anerkannt und der Kläger die bezüglich des Restbetrages des Darlehens vom Kläger*) vorgebrachte Einwendung der Zahlung widersprochen.

Beide Parteien beantragten daher die entsprechende Berichtigung des Thatbestandes, die auch mit Beschluß des Landgerichts Mühlberg erfolgte. Der Kläger und der Beklagte wünschen nun, daß auch die Urteilsformel entsprechend berichtigt und daß über den widersprochenen Teil der Forderung weiter verhandelt werde.

Können sie dieses Ziel erreichen?

Gesetzt, das Landgericht Mühlberg hätte den Antrag auf Berichtigung der Urteilsformel zurückgewiesen, könnte sich der Beklagte schützen, wenn der Kläger auf grund einer vollstreckbaren Ausfertigung des landgerichtlichen Urteils die

*) Soll wohl Beklagten heißen.

Zwangsvollstreckung für den Betrag von 200 ℳ betreiben würde?

---

3. Der Müller Huber hat an das Amtsgericht Wiesen den Antrag gestellt, zu gunsten einer ihm gegen den Bäcker Fischer in Wiesen zustehenden vollstreckungsreifen Forderung diejenige Forderung zu pfänden und ihm zur Einziehung zu überweisen, die Fischer auf grund eines angeblichen Darlehens gegen ihn bei dem Amtsgerichte Felden eingeklagt habe. In dem Gesuche bemerkte er, er verwahre sich dagegen, daß aus seinem Pfändungsvertrage die Folgerung gezogen werde, als ob er die Forderung des Fischer anerkenne; diese sei vielmehr gänzlich unbegründet.

Das Amtsgericht Wiesen hat den Antrag abgelehnt, da eine nach den eigenen Behauptungen des Gesuchstellers nicht bestehende Forderung keinen Gegenstand der Zwangsvollstreckung bilde, und weil es nicht zulässig sei, daß ein Gläubiger eine Forderung, die dem Schuldner gegen den Gläubiger selbst zusteht, für sich pfänden und sich zur Einziehung überweisen lasse.

Ist diese Entscheidung gerechtfertigt?

Neben den Reichsgesetzen haben die Kandidaten, welche die Prüfung in den Landesteilen rechts des Rheins ablegen, das gemeine Recht und die für das ganze Gebiet desselben geltenden bayerischen Landesgesetze, die Kandidaten, welche die Prüfung in der Pfalz ablegen, das dort geltende Landesrecht anzuwenden.

Die Entscheidungen sind zu begründen.

---

1. Aufgabe

aus dem Strafrechte und Strafprozeßrechte.

In der Nacht vom 14. auf den 15. September 1894 kam zu dem Bauernsohn Stefan Schinkl in O., einem Unteroffizier der Reserve, eine vermummte Mannsperson, welche ihm „im Auftrage des Habermeisters" eröffnete, daß am 15. September abends 10 Uhr in Kiefersfelden im Bezirksamtssprengel Rosenheim ein Haberfeldtreiben stattfinden werde und daß er ausersehen sei, den Zuzug der Haberer von B. und O. zu leiten und beim Haberfeldtreiben selbst das Kommando auf dem rechten Flügel der Aufstellung zu führen. Sein Lohn, sagte der Unbekannte, würde, wenn Alles gut hinausgehe, eine schöne Doppelbüchse sein. Schinkl lehnte zuerst ab, weil er, wie er dem Unbekannten mitteilte, auf den 15. September mittags 12 Uhr zur Kontrollversammlung nach Traunstein befohlen war und bis zum Abend nicht von dort zurück sein könnte, erklärte aber auf das weitere Zureden des Besuchers und teils durch dessen Versprechung gereizt, teils durch die ihm zugedachte hervorragende Stellung geschmeichelt, sich schließlich bereit, die Kontrollversammlung zu versäumen, die ihm angetragene Unterführerrolle anzunehmen und mit den Haberern von B. und O., mit denen er sich schon ins Benehmen zu setzen wisse, am bestimmten Sammelplatze einzutreffen.

Am Morgen des 15. September wurden in verschiedenen ebenso wie B. und O. zum Bezirksamtssprengel Rosenheim gehörigen und sowohl von der Eisenbahn als von dem Amtssitze entfernt gelegenen Ortschaften gedruckte Zettel folgenden Inhalts gefunden:

„Haberer! Das Gericht findet heute statt. Ihr wißt, wo und zu welcher Stunde Ihr Euch zu versammeln habt. Vergesse keiner seine Waffe; denn es gilt ebenso die Polizei wie unberufene Zuschauer fernzuhalten, und sollte hergeschossen werden, so werdet Ihr auch das Hinschießen verstehen. Dem Bezirksamtmann und den Gendarmen aber, falls ihnen ein solcher Zettel in die Hand kommt, sei hiemit kundgethan, daß sie, wenn ihnen ihr Leben lieb ist, nicht versuchen mögen, den Ort des Haberfeldtreibens auszukundschaften, dasselbe zu stören oder Euch zu verfolgen. Mischt sich der Bezirksamtmann ein, so fliegt er mit dem ganzen Bezirksamtsgebäude nächstens in die Luft.

Das geheime Haberer-Komite."

Am 15. September abends nach 9 Uhr erfolgte von allen Seiten der Zuzug der Haberer gegen Kiefersfelden. Alle Teilnehmer, etwa 100, waren mit scharfgeladenen Schußwaffen oder doch mit Sensen, Heugabeln und dergl. ausgerüstet. Unter Führung des Schinkl, welcher in der That von der Kontrollversammlung weggeblieben war, fanden sich an 30 Bursche aus B. und O. ein. Die Haberer nahmen auf einem Hügel nördlich von Kiefersfelden Stellung und schoben ihre Vorposten den Hang des Hügels hinunter. Von den Bewohnern von Kiefersfelden unbemerkt waren nach dem abendlichen Gebetläuten die Stricke im Turme der dortigen Kirche abgenommen und zerschnitten worden, um zu verhindern, daß aus Anlaß des Haberfeldtreibens etwa Sturm geläutet werde.

Schlag 10 Uhr wurde das Haberfeldtreiben unter größtem Lärm und vielfachem Schießen eröffnet. Dann verlas der Habermeister eine Anrede des Inhalts, daß die Haberer sich eingefunden hätten, um „im Namen des Kaisers aus dem Untersberg" über die in jüngster Zeit in Kiefersfelden begangenen Sünden Gericht zu halten. Er warnte vor jeder Störung der Handlung und drohte jedem Störer, sei er Privater oder Angehöriger der Polizei, mit dem Tode. Allseitige Zustimmung folgte diesen Worten.

Sodann teilte der Habermeister mit, daß zunächst der Bauer Willibald Schreiner, dessen Anwesen am Fuße des Hügels gelegen war, vor dem Feldgerichte zu erscheinen habe, widrigenfalls er gewaltsam vorgeführt oder ihm der rote Hahn aufs Dach gesetzt werde. Da der bereits zu Bett gegangene Schreiner, dem von seinen angsterfüllten Dienstleuten die Aufforderung zum Erscheinen mit der angeknüpften Drohung sofort mitgeteilt wurde, nicht gutwillig sich einfand, stürmte eine Rotte Haberer, geführt von Schinkl, in seinen Hof, erbrach die Eingangsthüre zu seinem Wohnhaus und schleppte den zu Tode erschreckten Mann im Hemde vor das Anwesen heraus. Der Habermeister las jetzt mit weithin vernehmbarer Stimme ein Gedicht vor, in welchem dem Schreiner in der unzüchtigsten und auf Erregung geschlechtlichen Reizes berechneten Ausdrucksweise vorgeworfen wurde, daß er es mit seiner Hausmagd halte. Schreiner, der über den unbegründeten Vorwurf und die im Gedichte enthaltenen unflätigen Ausdrücke aufs tiefste empört war, bat flehentlich, ihn ins Haus zurückzulassen, da ihn so fürchterlich friere. Gleichwohl wurde er von Schinkl, der rief: „Es macht nichts, wenn so ein Hund hin wird!“ festgehalten, bis der Vorleser mit dem Gedichte zu Ende war. Schreiner zog sich durch den längeren Aufenthalt im Freien in der rauhen Nacht eine derartige Erkältung zu, daß er acht Tage darnach an deren Folgen starb. Nach seinem Tode stellte sein großjähriger Sohn rechtzeitig formgerechten Strafantrag wegen Beleidigung des Vaters gegen den Vorleser des Gedichts.

In dem Augenblicke, in welchem Schreiner freigelassen wurde, erschien am Fuße des Hügels, allen Haberern kenntlich, der Bezirksamtmann von Rosenheim. Derselbe hatte erst in später Nachmittagsstunde durch die von unbekannter Hand erfolgte Zusendung eines der gedruckten Zettel von dem Bevorstehen eines Haberfeldtreibens Kenntnis erhalten und war, nachdem er weiter auch erfahren hatte, daß der Zug der Haberer anscheinend gegen Kiefersfelden sich richte, mit 8 in der Eile zusammengerufenen Gendarmen, welchen er den erhaltenen Zettel vorlas, nach Kiefersfelden aufgebrochen. Er richtete sofort an die Haberer, die, als sie seiner ansichtig wurden, momentane Stille eintreten ließen, eine dreimalige Aufforderung zum Auseinandergehen. Während er die dritte Aufforderung ergehen ließ, fiel auf den Ruf des Habermeisters: „Auf ihn!“ ein Schuß und riß die abgefeuerte Kugel ihm die Dienstmütze vom Kopf. Die Mütze wurde durchlöchert, der Bezirksamtmann aber blieb unverletzt.

Daraufhin gaben die Gendarmen auch ihrerseits Feuer. Durch einen ihrer Schüsse wurde der Habermeister am Beine gestreift. Derselbe versuchte, während die übrigen Haberer noch mehrere Minuten lang ein Feuergefecht mit den Gendarmen unterhielten, bei welchem jedoch weiter niemand verletzt wurde, sich seitwärts vom Schauplatze zu entfernen. Hier traf er aber auf einen K. Bayr. Forstaufseher, der sein Revier im benachbarten Walde begangen hatte, und auf zwei K. K. Oesterreichische Zollwächter, welche an der nahen Landesgrenze stationiert waren. Diese drei Personen hatten das Schießen vernommen und waren, da sie sofort vermuteten, daß ein Haberfeldtreiben stattfinde, herbeigeeilt, um den Bayerischen Sicherheitsorganen bei der etwaigen Bekämpfung und Verfolgung der Haberer beizustehen. Als sie daher, eben angekommen, den verwundeten Habermeister packen wollten, schlug dieser unter dem Ruf: „Du grüner Lump und Ihr Oesterreichischen Hunde!" mit dem Kolben seines Gewehres nach ihnen und traf den einen der Zollwächter derart am Kopfe, daß derselbe infolge hievon das Gehör auf dem rechten Ohre dauernd verlor. Durch den zweiten Zollwächter und den Forstaufseher wurde er selbst dingfest gemacht und den Bayr. Gendarmen übergeben, die ihn zunächst in das für Arrestanten bestimmte Gemeindelokal zu Kiefersfelden verbrachten.

Auf die Beobachtung hin, daß ihr Feldmeister verhaftet worden war, verzogen sich die Haberer nach allen Seiten.

Der gefangene Habermeister, in dem der Krämer Vitus Resch von N., Bezirksamts Rosenheim, erkannt wurde, blieb unter Bewachung des Gendarmen Baum im Arrestlokal. Um Mitternacht, als man die Haberer längst heimgekehrt wähnte, drang plötzlich ein Haufe derselben mit Schinkl an der Spitze in das Lokal ein, um den Resch herauszuholen. Der überwachende Gendarm wurde überwältigt und geknebelt, woran sich zwecks seiner Befreiung auch Resch selbst beteiligte. Durch diesen Erfolg gereizt, wollte Schinkl auch noch an dem Gendarmen durch Ausschneiden der Zunge Rache nehmen, und er hatte auch bereits sein grifffestes Messer gezogen und gewetzt, sowie höhnisch zu dem Gendarmen geäußert: „Ich sorge dafür, daß Du nicht ausplauderst, was hier geschehen ist," als zum Glück für Baum der Bauer Friedrich Wald von Kiefersfelden am Hause vorbeikam, den Vorgang gewahr wurde und laut um Hilfe rief. Auf sein Geschrei eilten drei im Nachbarhause weilende Gendarmen herbei. Die Haberer mußten flüchten, Schinkl konnte sich an Baum nicht weiter vergreifen und Resch, der durch seine Verletzung am Laufen verhindert war, blieb in der Gewalt der Gendarmen zurück.

Am nächsten Tage fand Bauer Wald vor seinem Anwesen ein Scheit Holz liegen. In der Annahme, dasselbe sei von einem vorüberfahrenden Wagen heruntergefallen, trug er es in seine Behausung und legte es behufs späterer Verwendung als Brennholz unter seinen Ofen. Bevor das Scheit zum Einheizen benützt wurde, entdeckte man, daß dasselbe ausgehöhlt und mit zwei Dynamitpatronen gefüllt war.

Die eingeleitete Untersuchung ergab, daß der Vermummte, welcher den Schinkl gedungen hatte, Vitus Resch war, und daß auch die am Morgen des 15. September aufgefundenen Zettel, welche über den Ort und die Art ihrer Entstehung keinen Aufschluß gewährten, von Resch verfaßt, irgendwo im Auslande gedruckt und von Resch und ein paar Genossen desselben in den verschiedenen Ortschaften ausgestreut worden waren. Resch gab an, daß die Zettel bezweckt hätten, seinen Genossen den Tag des Haberfeldtreibens, dessen Bestimmung ihm überlassen worden sei, bekannt zu geben und vor einer Störung des Haberfeldtreibens abzuschrecken, nachdem verschiedene Anzeichen darauf hingedeutet hätten, daß trotz sorgfältigster Geheimhaltung der Vorbereitungen das Bezirksamt Rosenheim doch bereits von dem Bevorstehen eines Haberfeldtreibens Kenntnis erhalten habe. Weiter gab Resch zu, daß das Haberfeldtreiben überhaupt vornehmlich durch ihn in Scene gesetzt worden sei, und daß der Grund zu seinem Vorgehen gegen Schreiner in der ihn seit Jahren beherrschenden feindseligen Gesinnung gegen diesen gelegen habe, er selbst übrigens wie die meisten seiner Genossen an das demselben vorgehaltene Verhältnis mit seiner Dienstmagd wirklich geglaubt habe.

Bezüglich des Schinkl wurde noch erhoben, daß er sich am 15. September nach dem Gebetläuten in den Kirchturm zu Kiefersfelden eingeschlichen und die Läutstricke abgenommen und zerschnitten hatte, — daß er ferner den Schuß auf den Bezirksamtmann in der Absicht der Verwirklichung der Drohung, daß jeder Störer des Haberfeldtreibens mit dem Leben büßen müsse, und angefeuert durch den plötzlichen Ruf des Habermeisters: „Auf ihn!“ abgegeben hatte —, und endlich, daß er aus Rache gegen den Bauern Wald, der sein Unternehmen der Verstümmelung des Gendarmen Baum vereitelt hatte, das mit Dynamit geladene Scheit Holz vor dessen Anwesen verbracht hatte in der Erwartung, Wald werde dasselbe aufheben und als Einschürmaterial verwenden und bei dieser Gelegenheit samt seinem Hause in die Luft gehen.

Nach dem Gutachten der Sachverständigen hätten die zwei Dynamitpatronen allerdings hingereicht, das Wald'sche Anwesen zu zerstören und jeden im Hause befindlichen Menschen zu töten.

In allem Uebrigen ergab sich der Thatbestand nach obiger Darstellung. Weitere Aufschlüsse darüber, wie das Haberfeldtreiben veranstaltet worden war und wer an demselben teilgenommen hatte, lieferte die Untersuchung nicht, wie auch unermittelt blieb, wen die Haberer ohne die vorzeitige Beendigung des Treibens noch weiter gerichtet hätten. Bezüglich des Schreiner stellten Resch und Schinkl entschieden in Abrede, daß sie den Tod oder auch nur eine Erkrankung desselben beabsichtigt hätten.

Wegen Beleidigung des K. Bayr. Forstaufsehers und der beiden K. K. Oesterreichischen Zollwächter stellten deren dienstliche Vorgesetzte rechtzeitig und in gehöriger Form Strafantrag. Resch gab zu, daß er die Beamteneigenschaft des Forstaufsehers und der Zollwächter gekannt habe, wollte sich indessen der gebrauchten Schimpfworte nicht mehr erinnern.

Wie sind die Handlungen des Resch und des Schinkl strafrechtlich zu beurteilen?

Die Beantwortung der Frage ist unter Anführung der einschlägigen gesetzlichen Bestimmungen zu begründen.

II. Aufgabe
aus dem Strafrechte und Strafprozeßrechte.

I.

Dem Wagner Andreas Mock in Fürth stand gegen den Lohnkutscher Jakob Schweib daselbst auf grund rechtskräftigen Urteils vom 1. Dezember 1892 eine Forderung in Höhe von 300 *M* zu. Bereits am 28. Februar 1893 hatte er das Urteil dem Schuldner zustellen und Pfändung bei demselben erfolglos versuchen lassen. Am 28. Februar 1894 erfuhr er, daß Hofrat Dr. Niß in Fürth dem Schweib aus einem Tauschvertrage die Lieferung eines zur Ausübung des Lohnkutschergewerbes tauglichen Wagens samt Pferd schulde. Noch am nämlichen Tage erwirkte deshalb Mock einen Beschluß des K. Amtsgerichts Fürth, wonach der Anspruch des Schweib gegen Dr. Niß auf Wagen und Pferd gepfändet und angeordnet wurde, daß Niß die besagten Gegenstände nicht an Schweib, sondern an den von Mock benannten Gerichtsvollzieher X. in Fürth herauszugeben habe, dem Schweib aber geboten wurde, sich jeder Verfügung über seinen Anspruch gegen Niß zu enthalten, insbesondere die Entgegennahme von Pferd und Wagen zu unterlassen. Diesen Beschluß ließ Mock ebenfalls noch am 28. Februar dem Drittschuldner und dem Schuldner prozeßordnungsgemäß zustellen.

Trotz der erfolgten Pfändung übergab Dr. Niß, der am 1. März 1894 gerade Gelegenheit zu passendem Kaufe behufs Erfüllung seiner Verpflichtung aus dem mit Schweib abgeschlossenen Tauschvertrage gefunden und den Gerichtsvollzieher X., mit dem er sich anfänglich hatte benehmen wollen, nicht zu Hause getroffen hatte, in seinem Anwesen aber keinen Raum zur Einstellung des für Schweib erworbenen Pferdes und Wagens besaß, letzterem diese Gegenstände, welcher sie als dem Vertrage entsprechend in Empfang nahm und in einen sofort für diesen Zweck in der Vorstadt gemieteten Raum, von dem er glaubte, daß ihn Mock nicht leicht ausfindig machen werde, verbrachte. Weder Dr. Niß noch Schweib machten von der an letzteren erfolgten Uebergabe von Wagen und Pferd dem Mock Mitteilung, um so die Gegenstände dessen weiterem Zugriffe zu entziehen. Den Dr. Niß hatte Schweib dadurch zum Stillschweigen überredet, daß er demselben gegen besseres Wissen versicherte, er werde in den nächsten Tagen von einem Freunde ein Darlehen erhalten und damit den Mock zufriedenstellen, welcher Angabe Dr. Niß Glauben schenkte.

Der Bruder der Ehefrau des Schweib, Metzger Karl Feng in Fürth, kannte die ganze Sachlage; er fürchtete, daß der in der Vorstadt begüterte Mock den Versteck des Pferdes und Wagens doch auskundschaften könnte und dann zu deren Beschlagnahme um so gewisser schreiten würde, als er erst vor kurzem ihm und dem Schweib gegenüber wieder gedroht hatte, er lasse zu gunsten seiner judikatmäßigen Forderung pfänden, was er nur immer von demselben auftreibe. Feng holte deshalb, ohne den Schweib in Kenntnis zu setzen, in dessen Abwesenheit Pferd und Wagen und bewerkstelligte deren Unterbringung in einer alten Schupfe seines eigenen Hinterhauses, in der er die Auffindung für vollständig ausgeschlossen hielt.

Schweib bekam durch Zufall Nachricht von der Handlung seines Schwagers und dem nunmehrigen Versteck von Wagen und Pferd. Er dachte nicht daran, daß Feng ihn nur vor den Maßnahmen des Mock habe schützen wollen, war vielmehr der Meinung, Feng, der selbst auch eine Forderung an ihn zu machen hatte, habe sich, um sich Deckung für dies Guthaben zu verschaffen, Pferd und Wagen zugeeignet. Als jähzorniger Mann eilte er, ohne sich näheren Aufschluß über die Absichten seines Schwagers zu erholen, an den ihm verratenen jetzigen Versteckplatz von Pferd und

Wagen und erstach unter den Worten: „Soll ich dich nicht haben, so soll dich auch kein Andrer kriegen," das Pferd und zertrümmerte die Laternen und Fenster des Wagens.

Als Mock von all diesen Vorgängen durch Dritte verständigt worden war, richtete er — zu mitte März 1894 — an den Staatsanwalt bei dem K. Landgerichte Fürth ein Schreiben, in welchem er die Bestrafung des Schweib, des Dr. Niß und des Feng verlangte.

Haben sich die letztgenannten drei Personen gegen strafgesetzliche Bestimmungen verfehlt, gegebenen Falls, gegen welche?

II.

In dem Wartsaale des Lokalbahnhofes zu T. war eine Reihe von sogenannten Automatenkästen, d. i. von Apparaten, welche mittels einer durch Einwurf eines Geldstückes in Bewegung gesetzten Hebelkraft etwas leisten oder abgeben, aufgestellt.

Am 5. August 1894 fanden sich in dem augenblicklich menschenleeren Raume der 19jährige Schustergeselle Max Schamm und der 16 Jahre alte Schneiderlehrling Peter Fips zusammen ein. Der erstere machte dem letzteren zunächst den Vorschlag, die automatische Wage statt durch Einwurf eines Zehnpfennigstückes, das die Hebelkraft auszulösen bestimmt gewesen wäre, durch Einwurf eines wertlosen Bleistückes, das er bei sich führte, in Thätigkeit zu setzen und sich gemeinsam zu wiegen. Dieses Vorhaben schickten sich beide, da Fips mit dem Vorschlage einverstanden war, auch alsbald auszuführen an. Weil sie aber aus Uebermut, ohne die Folgen ihres Thuns zu überdenken, beide im nämlichen Augenblicke und jeder mit beiden Füßen zugleich und mit voller Wucht auf das Trittbrett des Kastens aufsprangen, brach der Apparat, wodurch dem Besitzer ein Schaden von 30 ℳ zugefügt wurde, und erreichten die Bursche, trotzdem Schamm das Bleistück nachträglich noch einwarf, ihren Zweck nicht.

Der zweite Automatenkasten ließ auf Einlegen eines Zehnpfennigstückes eine Schublade öffnen, in welcher sich ein zur Entnahme bestimmtes Fläschchen kölnischen Wassers befand. Bei Besichtigung dieses Kastens beschlossen Schamm und Fips, sich ein solches Fläschchen herauszuholen. Zu diesem Zweck behändigte Fips dem Schamm einen Messingknopf behufs Verwendung an Stelle der einzulegenden Nickelmünze. Eben, als Schamm im Begriffe stand, den Knopf in die Einwurfsöffnung zu schieben, hörte er Tritte, die ihn glauben machten, es werde demnächst jemand in dem Wartsaale erscheinen. Er zog deshalb die Hand mit dem Knopf wiederum zurück und veranlaßte den Fips, sich an die von der Straße in den Wartsaal führende Eingangsthüre zu begeben, um darauf zu achten, daß keine Ueberraschung stattfinde. Während Fips an der Pforte, von der aus er den Schamm nicht im Auge hatte, dem Vorübergehenden, dessen Schritte hörbar geworden waren, seine Aufmerksamkeit zuwendete, versuchte Schamm durch Einwurf des Knopfes die Oeffnung der Schublade zu ermöglichen. Letzteres gelang ihm jedoch nicht, da der Knopf zu leichtes Gewicht hatte. Schamm riß daher die Schublade nunmehr gewaltsam auf und entnahm ihr das Fläschchen kölnischen Wassers. Bevor er die Schublade wieder in den Kasten hineinzwängte und dadurch den Apparat, welcher eine Beschädigung nicht erlitten hatte, wieder leistungsfähig machte, legte er in die Schublade ein einen Beischlafsvollzug darstellendes Bild, das ihm Fips kurz vorher geschenkt hatte. Dann rief er den Fips von seinem Beobachterposten wieder heran und zeigte ihm, in welcher Weise er sich in den Besitz des Fläschchens gesetzt hatte, worauf beide ihre Taschentücher mit dem duftenden Wasser netzten. Auch teilte Schamm dem Fips mit, daß er das von ihm erhaltene unzüchtige Bild in die Schublade hineingelegt habe. Fips erwiderte: „Wenn auch Andere noch ihre Freude an dem Bild haben, so ist das ganz recht!"

Ein dritter Kasten trug die Inschrift: „Bei Einwurf eines Zehnpfennigstückes gibt der Automat ein Fahrbillet

III. Klasse nach der Station M. ab." Schamm besaß nur mehr eine aus unedlem Metall hergestellte Denkmünze vom letzten Turnerfeste, die er um 30 ₰ erworben hatte, während Fips lediglich noch ein nachgemachtes Zehnpfennigstück im Besitz hatte. Beide waren einig, mit diesen Gegenständen das Glück am Kasten zu versuchen. Fips erzählte dem Schamm unter Lachen, daß sein Dienstherr alles falsche Geld, welches er zufällig einnehme, in einer offenen Blechbüchse sammle und daß er am Morgen aus dieser Blechbüchse heimlich den falschen Nickel an sich genommen habe, um sich womöglich Näschereien dafür zu kaufen. Zuerst warf dann Schamm seine Denkmünze ein und, da dieselbe den Apparat fungieren ließ, reichte Fips jenem auch sein Nickelstück. Die von Schamm aus dem Apparate auf die angegebene Weise herausgeholten ordnungsmäßigen Billete benützten die zwei Bursche dann, um mit dem nächsten Zuge nach der Station M. zu fahren.

Der Besitzer der Automatenkästen erstattete über die Vorfälle Anzeige bei der Staatsanwaltschaft und stellte auch für den Fall, daß einzelne Handlungen nur auf Antrag verfolgbar wären, rechtzeitig formgerechten Strafantrag.

Wegen welcher strafbaren Handlungen können Schamm und Fips unter der Voraussetzung bestraft werden, daß Fips die zur Erkenntnis der Strafbarkeit seiner Handlungen erforderliche Einsicht besaß, und daß Schamm und Fips wußten, daß die Automatenkästen, wie auch auf jedem derselben zu lesen war, nur gegen Einwerfen von Zehnpfennigstücken benützt werden durften?

Welche Einzelstrafen — im Höchst- und Mindestmaß — haben Schamm und Fips verwirkt? Anzunehmen ist, daß, wo etwa das Vorhandensein mildernder Umstände in Frage kommt, solche nur dem Fips zuerkannt werden.

III.

Die ledige Kellnerin Rosa Kies war angeklagt, am 21. Februar 1894 dem Privatier Paul Reil, in dessen Diensten sie früher als Magd gestanden war, aus seiner Wohnung mittels Anwendung falscher Schlüssel ein Portemonnaie mit 200 ℳ Barinhalt, sowie eine goldene Uhr mit Kette und mehrere Ringe in der Absicht rechtswidriger Zueignung hinweggenommen zu haben.

Die Strafkammer des K. Landgerichts A. sprach die Angeklagte, welche bei der Hauptverhandlung ebenso wie schon im Vorverfahren jede Kenntnis von der Sache leugnete, auf grund der Hauptverhandlung vom 19. April 1894 mit Urteil vom gleichen Tage wegen mangelnden Beweises frei.

Am 5. Juni 1894 gestand die Kies zuerst zwei Freundinnen und dann auch dem von diesen in Kenntnis gesetzten Schutzmann Probst folgendes zu:

Der Diebstahl bei Reil sei allerdings nicht von ihr verübt worden, sie wisse aber darum; denselben habe ihre Base, die Zugeherin Hilda Wachs vollführt. Sie selbst habe die letztere, welche ihr zu anfang Februar ihre Not geklagt habe, aufmerksam gemacht, daß es ihr leicht möglich sein würde, bei dem mit ihr im gleichen Hause wohnenden Reil einen Gelddiebstahl auszuführen, und habe ihr auch auseinandergesetzt, wie sie es am zweckmäßigsten anzufangen habe. Am 24. Februar sei dann die Wachs zu ihr gekommen und habe ihr gesagt, daß es ihr wirklich geglückt sei, mit Hilfe falscher Schlüssel in Abwesenheit des Reil in dessen Wohnung und zu dessen Kommodekasten zu gelangen und außer etlichen Wertsachen, darunter Uhr und Kette, auch eine größere Geldsumme zu entwenden. Als Belohnung dafür, daß sie die Wachs auf Reil hingewiesen, habe ihr diese am 24. Februar Uhr und Kette des Reil geschenkt und sie habe dieses Geschenk auch angenommen.

---

1. Kann gegen die Kies unter der Voraussetzung, daß ihre Angaben für glaubwürdig zu erachten sind, neuerlich vorgegangen werden? eventuell in welcher Weise?

2. Wie wäre die Frage zu beantworten, wenn die Kies ihre Angaben schon am 18. April 1894 gemacht, hievon aber das aburteilende Gericht keine Kenntnis bekommen hätte?
3. Könnte gegen die Kies weiter vorgegangen werden, und eventuell in welcher Weise, wenn es nicht zur Hauptverhandlung am 19. April 1894 gekommen, sondern die Eröffnung des Hauptverfahrens durch nicht mehr anfechtbaren Beschluß von diesem Tage abgelehnt worden wäre,
   a) bei der Annahme, daß die Kies ihre Angaben erst am 5. Juni 1894 machte,
   b) bei der Annahme, daß die Kies ihre Angaben bereits am 18. April 1894 gemacht, hievon das Gericht aber keine Kenntnis bekommen hatte?

Die Entscheidungen sind unter Anführung der einschlägigen gesetzlichen Bestimmungen zu begründen.

III. Aufgabe

aus dem Strafrecht und Strafprozeßrecht.

Der Agent Georg Westmann von Oberbechau war Vertreter der Firma Botberg & Cie. in Bremen und vermittelte in deren Auftrag in Oberbechau und Umgebung Ueberfahrtsverträge nach den Vereinigten Staaten von Amerika.

Im Juli 1893 hatte der Kaufmann Oertel von Niederbechau für seinen Sohn durch Vermittlung des Westmann einen solchen Vertrag abgeschlossen und demselben den Ueberfahrtspreis, sowie die Kosten und Spesen bezahlt. Kurze Zeit darauf ward er von dritter Seite darauf aufmerksam gemacht, daß Westmann ihn um einen Betrag von etwa 50 ℳ übervorteilt habe, worauf Oertel noch im gleichen Monat Anzeige bei dem Staatsanwalt bei dem K. Landgerichte Altstadt einreichte.

Die gepflogenen Ermittelungen ergaben den Verdacht, daß Westmann noch beim Abschluß anderer derartiger Verträge, die er in letzter Zeit zustande gebracht, sich unberechtigte Vorteile zu verschaffen gewußt habe. Infolge davon erhob der Staatsanwalt am 12. August 1893 durch Antrag auf Eröffnung der Voruntersuchung gegen Westmann die öffentliche Klage wegen folgender Strafthaten:

1. Betrug z. N. des Kaufmanns Oertel von Niederbechau im Betrag von 50 ℳ, verübt daselbst im Juli 1893,
2. Betrug z. N. des Schmiedes Heinrich Allbach von Oberbechau im Betrag von 65 ℳ, verübt daselbst am 18. Mai 1893,
3. Betrug z. N. des Gastwirts Otto Frühauf von Stechfelden im Betrag von 42 ℳ, verübt daselbst am 28. Mai 1893,
4. Betrug z. N. des Weinhändlers Wilhelm Wassermann von Stechfelden im Betrag von 70 ℳ, verübt daselbst im Juni 1893.

Die Voruntersuchung förderte weiteres Belastungsmaterial zu Tage, ergab aber zugleich, daß bezüglich des Betrugsfalls z. N. des Allbach nicht genügende Verdachtsmomente vorhanden waren und daß im übrigen die von Westmann unrechtmäßig erlangten Beträge nicht die in der öffentlichen Klage angenommene Höhe erreichten. Nach Schluß der Voruntersuchung fertigte der Staatsanwalt Anklageschrift zur Strafkammer, in der er wegen der Betrugsfälle z. N. des Oertel, des Frühauf und des Wassermann — jedoch nur mit einem Schadensbetrag von je 30 ℳ —, des weiteren wegen eines Betrugs z. N. des Fabrikanten Karl Kirschner von Oberbechau im Betrag von 28 ℳ, verübt daselbst im April 1893, und wegen eines solchen z. N. des Glasers Adolf Leistner von Mittelbechau im Betrag von 34 ℳ, verübt daselbst im März 1893, gegen Westmann die Eröffnung des Hauptverfahrens und die Ueberweisung der Verhandlung und Entscheidung an das Schöffengericht bei dem K. Amtsgericht Niederbechau beantragte. Bezüglich des

Betrugsfalls z. N. des Allbach stellte der Staatsanwalt einen Antrag nicht. Die Strafkammer entsprach durch Beschluß vom 16. September 1893 dem staatsanwaltschaftlichen Antrag.

In der Sitzung des Schöffengerichts vom 22. Oktober 1893 kam die Sache zum Aufruf, aber nicht zur Verhandlung, weil Westmann nach dem Aufruf der Zeugen wegen Nichterscheinens eines Entlastungszeugen Vertagung begehrte. Der Vorsitzende verkündete hierauf einen Gerichtsbeschluß, wodurch die Verhandlung auf 6. November 1893 vormittags $^{1}/_{2}$9 Uhr vertagt und dem Angeklagten sowie den Zeugen aufgegeben wurde, in diesem Termin ohne weitere Ladung zu erscheinen. Unter den Zeugen war auch zugegen der Gastwirt Frühauf von Stechfelden.

In der Sitzung vom 6. November 1893, in welche weitere Ladung nicht erfolgt war, erschien weder Zeuge Frühauf noch der Angeklagte, weil, wie die übrigen Zeugen bekundeten, beide den Frühzug nach Niederbechau verfehlt hatten. Das Schöffengericht verhängte gemäß § 50 St.-P.-O. gegen Frühauf eine Geldstrafe von 10 ℳ, umgewandelt für den Fall der Uneinbringlichkeit in eine Haftstrafe von 2 Tagen, erließ gegen den Angeklagten Vorführungsbefehl in die Sitzung vom 13. November 1893, in welche die Verhandlung vertagt ward, und legte beiden Ausgebliebenen je zur Hälfte die Zeugengebühren zur Last, welche an die infolge des Gerichtsbeschlusses vom 22. Oktober 1893 erschienenen Zeugen auszubezahlen waren.

In der Verhandlung vom 13. November 1893 war der erste Zeuge, Kaufmann Oertel, äußerst zurückhaltend bei der Vernehmung und ließ durchblicken, daß er sich scheue, in Gegenwart des Westmann seine Angaben zu machen. Darauf beschloß das Gericht, den Angeklagten während der Vernehmung des Oertel und, da bezüglich der ebenfalls als Zeuge geladenen Ehefrau Oertel nach Annahme des Gerichts die gleiche Befürchtung bestand, auch während deren Vernehmung aus dem Sitzungssaal abtreten zu lassen. Alsdann wurden

Kaufmann Oertel und im unmittelbaren Anschluß hieran dessen Ehefrau in ihren Zeugenaussagen gehört. Nach beendigter Vernehmung beider erschien auf Anordnung des Vorsitzenden Westmann wieder im Sitzungssaal, und der Vorsitzende unterrichtete ihn über den Inhalt beider Aussagen.

In der Verhandlung stellte es sich heraus, daß Westmann noch zwei weitere Betrugsfälle verübt hatte, nämlich einen z. N. des Landwirts Robert Freudig von Osterbach im Betrag von 35 ℳ, begangen im Januar 1893, und einen zum Nachteil des Bierbrauers Rudolf Frey von Hopfgarten im Betrag von 26 ℳ, begangen im März 1893. Unter Bezugnahme auf § 265 St.-P.-O. und § 28 G.-V.-G. stellte der Amtsanwalt den Antrag, auch diese beiden Fälle zum Gegenstand der Aburteilung zu machen, womit Westmann sich ausdrücklich einverstanden erklärte. Das Gericht verurteilte darauf entsprechend dem Antrag des Amtsanwalts den Westmann wegen der fünf im Eröffnungsbeschluß enthaltenen und der beiden letzterwähnten Betrugsfälle, indem es wegen jedes einzelnen eine Gefängnisstrafe von 1 Monat verwirkt erklärte, zu einer Gesamtstrafe von 5 Monaten Gefängnis.

Von der Urteilsverkündigung bis zum 19. November war Westmann krank. Am Abend des letztgenannten Tages war er soweit hergestellt, daß er seinen Entschluß, Berufung einzulegen, auszuführen vermochte. Er schrieb und unterschrieb eine Erklärung des Inhalts, daß er das Urteil anfechte, weil ihm die Strafe zu hoch sei, und brachte das an das K. Amtsgericht Niederbechau adressierte Schriftstück am frühen Morgen des 20. November in Oberbechau zur Post, in der Annahme, daß die Sendung noch am Nachmittag desselben Tages in dem nur 10 Kilometer entfernten Niederbechau werde ausgetragen werden. Diese Annahme erwies sich als irrig. Infolge der bestehenden mangelhaften Postverbindung kam die Sendung erst spät am Abend in Niederbechau an und wurde dieselbe ordnungsgemäß am Morgen des 21. November 1893 ausgetragen.

Auf grund von § 360 Abs. 1 St.=P.=O. wies der Amtsrichter die Berufung als unzulässig zurück. Westmann reichte am 22. November unter abschriftlicher Beifügung der Berufungserklärung vom 19. November einen Antrag auf Wiedereinsetzung in den vorigen Stand beim Amtsgericht ein, begründet einerseits mit seiner Krankheit, anderseits mit der mangelhaften Postverbindung, die so außergewöhnlich sei, daß sie außer aller Berechnung gelegen habe. Das Landgericht Altstadt wies das Gesuch ab; auf sofortige Beschwerde hin gab jedoch das Oberlandesgericht am 28. November 1893 demselben Folge, indem es sich die Gründe des Antragstellers aneignete.

Am 28. Januar 1894 kam die Sache in der Berufungsinstanz zur Verhandlung. Der Verteidiger des Westmann erbot einen umfassenden Entlastungsbeweis, durch den er die Nichtschuld des Angeklagten darthun wollte. Der Staatsanwalt bekämpfte diesen Antrag als unzulässig, weil es sich in der Berufungsinstanz einzig noch um die Strafbemessung handeln könne, nachdem zufolge des Wortlauts der Berufungserklärung das Urteil nur im Strafausspruch angegriffen, im Schuldausspruch also rechtskräftig geworden sei. Das Gericht trat dieser Anschauung nicht bei, sondern ordnete durch Beschluß die Beweiserhebung an. Da aber die Verhandlung soviel Neues zu Tage gefördert hatte, was weder in der Voruntersuchung noch vor dem ersten Richter berücksichtigt war, glaubte das Landgericht von der Erhebung einzelner bestimmt bezeichneter Beweismomente absehen zu sollen, und ordnete eine Ergänzung der Voruntersuchung an. Der Staatsanwalt beantragte in dem Beschlusse auszusprechen, daß die Voruntersuchung auch auf die dem Angeklagten erst im Laufe der Hauptverhandlung erster Instanz zur Last gelegten Betrugsfälle zum Nachteil des Freudig und des Frey zu erstrecken sei, welchem Antrag das Gericht entsprach.

Der Untersuchungsrichter erledigte den ihm gewordenen Auftrag und übergab am 3. März 1894 dem Staatsanwalt die Akten zur Antragstellung. Letzterer unterbreitete ohne

Stellung eines weiteren Antrags lediglich die Akten dem Vorsitzenden der Strafkammer zur Terminsbestimmung, worauf dieser die Sitzung vom 24. April 1894 zur weiteren Verhandlung bezeichnete.

Nachdem in dieser Sitzung die Beweisaufnahme vollendet war, beantragte der Verteidiger die Vernehmung zweier weiterer Personen, nämlich eines Bruders und eines guten Freundes des Westmann, als Zeugen. Beide sollten darüber aussagen, daß letzterer nicht in betrüglicher Absicht gehandelt habe. Die bezeichneten Personen waren in der Sitzung zugegen und hatten der Verhandlung ununterbrochen beigewohnt. Der Staatsanwalt widersetzte sich der Vernehmung, weil die Zeugen ihm nicht rechtzeitig kundgemacht worden seien und weil sie der ganzen Verhandlung beigewohnt hätten; für den Fall, daß der Angeklagte eine Vertagung hiewegen herbeiführen wolle, beantragte er, demselben jetzt schon die Kosten der Verhandlung vom 24. April zu überbürden. Angeklagter hielt den Antrag auf Abhör der Zeugen aufrecht, erklärte aber ausdrücklich, daß er eine Vertagung nicht herbeiführen wolle. Das Gericht lehnte mittels Beschlusses die Vernehmung ab und ordnete ausdrücklich die Aufnahme des verfügenden Teiles dieses Beschlusses in das Sitzungsprotokoll an. Der verfügende Teil ward dann auch in das Sitzungsprotokoll eingerückt, während die Begründung in die Gründe des am Schlusse der Hauptverhandlung erlassenen Urteils aufgenommen wurde. Die Begründung ging dahin, daß die Sache nach Ansicht des Gerichts genügend aufgeklärt sei und von der Vernehmung der beiden vorgeschlagenen Zeugen mit Rücksicht auf ihre nahen Beziehungen zum Angeklagten eine Einwirkung auf die richterliche Ueberzeugung nicht zu erwarten wäre.

Der Verteidiger beantragte Aufhebung des erstrichterlichen Urteils und Freisprechung des Angeklagten. Jedenfalls müsse das Urteil insoweit aufgehoben werden, als es wegen der Betrugsfälle z. N. des Freudig und des Frey verurteilt habe; wegen dieser Betrugsfälle müsse unter allen

Umständen Freisprechung erfolgen, da es an der öffentlichen Klage fehle.

Der Staatsanwalt bestritt diese Auffassung. Er gab zwar zu, daß das angefochtene Urteil hinsichtlich der Fälle Freudig und Frey der Aufhebung unterliege, beantragte hingegen die nunmehrige Verurteilung des Angeklagten wegen dieser beiden Fälle, nachdem in zweiter Instanz die Klage ordnungsgemäß erhoben worden sei, dadurch, daß er in der Sitzung vom 28. Januar 1894 den Antrag gestellt habe, die Voruntersuchung auch auf diese beiden Fälle auszudehnen. Eventuell erhob der Staatsanwalt, gestützt auf die seitens des Angeklagten in erster Instanz abgegebene Erklärung, daß er mit der Aburteilung einverstanden sei, ausdrücklich die öffentliche Klage bezüglich der beiden Fälle, indem er geltend machte, die frühere Erklärung des Angeklagten binde diesen in der Berufungsinstanz. Der Verteidiger bestritt diese Auffassung und Angeklagter erklärte, daß er sich auf eine Aburteilung der angeblichen Betrügereien zum Nachteil des Freudig und des Frey heute nicht einlasse, welche Erklärung der Staatsanwalt als unerheblich bezeichnete.

Schließlich hob der Verteidiger die Thatsache hervor, daß fünf von den auf Anstehen des Staatsanwalts geladenen Belastungszeugen nichts zur Sache dienliches auszusagen vermocht hätten, worauf er den Antrag stützte, dem Angeklagten, selbst wenn er verurteilt würde, jedenfalls die Kosten für diese Zeugen **nicht** aufzubürden.

Im Endurteil hob die Strafkammer das angefochtene Urteil, insoweit es die Betrugsfälle z. N. des Freudig und des Frey zum Gegenstand der Aburteilung gemacht hatte, auf, verurteilte den Angeklagten wegen eines fortgesetzten Vergehens des Betrugs z. N. des Oertel, des Frühauf, des Wassermann und des Kirschner, ferner des Freudig und des Frey im Schadensbetrag von 179 *M* zu einer Gefängnisstrafe von 5 Monaten und legte ihm alle Kosten zur Last.

In den Gründen ist unter anderem ausgeführt, ein Nachweis dafür, daß Angeklagter einen Betrug auch zum

Nachteil des Leistner verübt habe, sei nicht erbracht; eine Freisprechung hiewegen habe aber nicht eintreten können, nachdem das Gericht die Handlungsweise des Angeklagten als fortgesetztes Vergehen aufgefaßt habe. Besondere Kosten seien durch den Fall Leistner nicht entstanden.

Sowohl der Staatsanwalt als der Angeklagte legen rechtzeitig Revision ein.

In welchen einzelnen Punkten stehen den in dem geschilderten Verfahren von der Staatsanwaltschaft, dem Angeklagten und der Verteidigung gestellten Anträgen, sowie den ergangenen gerichtlichen Anordnungen und Entscheidungen Bedenken vom Standpunkte des Gesetzes entgegen?

Auf welche Gesetzesverletzungen vermag die Revision

a) vom Standpunkt der Anklage

b) vom Standpunkt der Verteidigung

mit Aussicht auf Erfolg gestützt zu werden?

Die Antwort ist zu begründen und mit den einschlägigen Gesetzesstellen zu belegen.

Praktischer Fall

für die erste Abteilung der zweiten Prüfung der Rechtskandidaten in den Landesteilen rechts des Rheins im Jahre 1894.

Die Kandidaten haben auf grund der mündlichen Verhandlung vom 4. Dezember 1894 zu erlassende Entscheidung nach Maßgabe der in der Zivilprozeßordnung enthaltenen Vorschriften auszuarbeiten; die Darstellung des Thatbestandes kann unterbleiben. In den Entscheidungsgründen sind alle in den mündlichen Vorträgen geltend gemachten Gesichtspunkte zu würdigen.

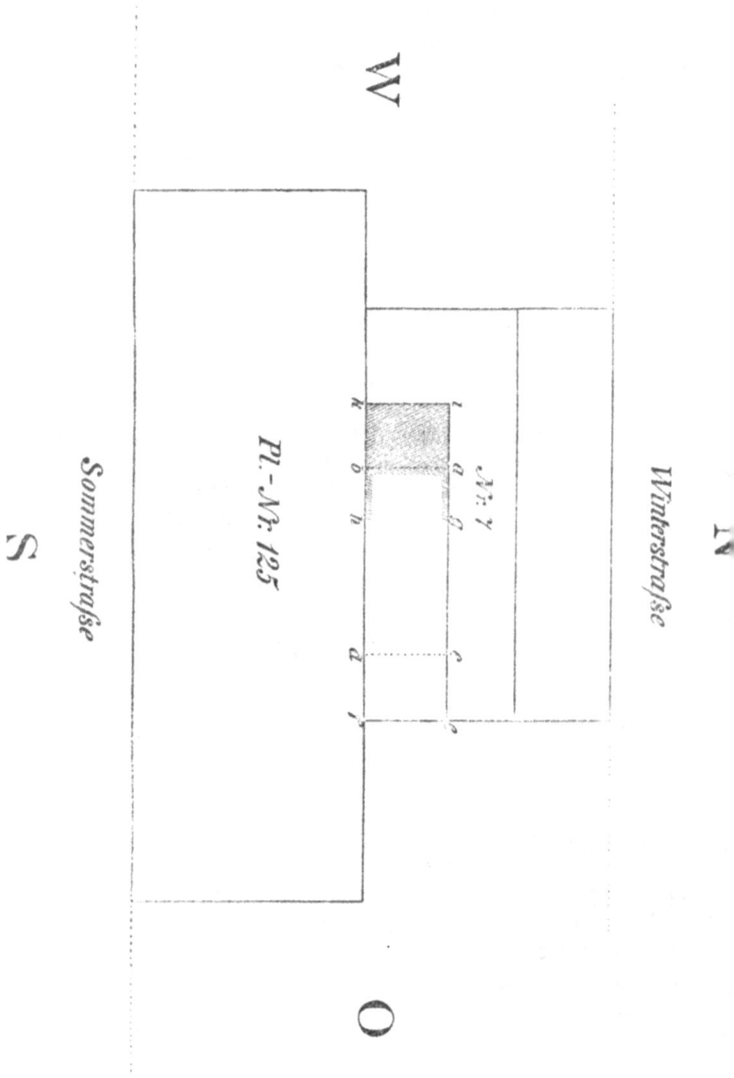
N
Winterstraſse
Nr. 7
i
a
g
c
e
k
b
h
d
f
W
O
Pl.-Nr. 125
Sommerstraſse
S

Neben den Reichsgesetzen ist das gemeine Recht mit den für dessen ganzes Gebiet in Bayern geltenden Landesgesetzen anzuwenden.

Der zur Rechtsanwaltschaft bei dem Königlichen Landgerichte Landsburg zugelassene Rechtsanwalt Körner erhob als Bevollmächtigter des Kaufmanns Ludwig Koch in Landsburg gegen den Privatmann Friedrich Gebhard in Landsburg eine an das Königliche Landgericht Landsburg gerichtete Klage.

Auf Einreichung der Klageschrift bei der Gerichtsschreiberei des Prozeßgerichts wurde zur mündlichen Verhandlung des Rechtsstreits Termin auf den 4. Dezember 1894 vormittags neun Uhr vor der ersten Zivilkammer des Landgerichts bestimmt.

Der Beklagte, dem die Klageschrift am 20. Oktober 1894 zugestellt wurde, bestellte als Prozeßbevollmächtigten den zur Rechtsanwaltschaft bei dem Prozeßgerichte zugelassenen Rechtsanwalt Fuchs.

Die Anwälte der Parteien wechselten die erforderlichen vorbereitenden Schriftsätze. Ohne vorgängige mündliche Verhandlung ersuchte das Prozeßgericht, dem sowohl in der Klageschrift als in der Klagebeantwortungs- und Widerklageschrift gestellten Antrage entsprechend, den Magistrat der Stadt Landsburg um Mitteilung der bei ihm als Baupolizeibehörde erwachsenen, die Erbauung eines Rückgebäudes in dem Anwesen Nr. 7 an der Winterstraße zu Landsburg betreffenden Akten. Der Stadtmagistrat übersendete diese Akten dem Prozeßgerichte. Sie enthalten außer anderen Aktenstücken einen im Monate August 1894 von dem Kaufmann Ludwig Koch mit dem Gesuche um Erteilung der baupolizeilichen Genehmigung zu einem Baue dem Stadtmagistrate vorgelegten Lageplan, dessen Nachbildung hier beigefügt ist.

Die erste Zivilkammer des Prozeßgerichts war in der Sitzung zur mündlichen Verhandlung des Rechtsstreits bestimmten mit folgenden Richtern besetzt: Landgerichtspräsident Voß,

Landgerichtsräte Eckart und Hartwig; als Gerichtsschreiber leistete Dienst der geprüfte Rechtspraktikant Sachs.

Bei dem Aufrufe der Sache waren die Rechtsanwälte Körner und Fuchs erschienen. Der Vorsitzende eröffnete die mündliche Verhandlung. Es verlas hierauf der Rechtsanwalt Körner aus der Klageschrift den Antrag:

„Das Königliche Landgericht wolle durch Endurteil aussprechen, der Beklagte habe anzuerkennen, daß der Kläger als Eigentümer des Anwesens Nr. 7 an der Winterstraße zu Landsburg berechtigt ist, in dem Obergeschosse der Mauer, die nach der Wiederherstellung und Vergrößerung des zu dem Anwesen gehörenden Rückgebäudes die südliche Umfassungsmauer des wiederhergestellten und des neu erbauten Teils des Rückgebäudes bilden wird, vier Fenster anzubringen, und dem Beklagten die Kosten des Rechtsstreits auferlegen",

und der Rechtsanwalt Fuchs aus der Klagebeantwortungs- und Widerklageschrift den Antrag:

„Das Prozeßgericht wolle die Klage abweisen und den Widerbeklagten verurteilen, die in der südlichen Umfassungsmauer seines Rückgebäudes befindlichen sechs Fenster zumauern zu lassen, sowie die Kosten des Rechtsstreits zu tragen".

Der Vorsitzende erteilte hierauf das Wort dem Rechtsanwalte Körner. Dieser trug folgendes vor:

Der Kaufmann Ludwig Koch ist Eigentümer des Anwesens Nr. 7 an der Winterstraße. Dieses besteht aus einem um das Jahr 1840 erbauten, an der Straße stehenden Hauptgebäude, einem Rückgebäude und einem zwischen den Gebäuden liegenden Hofraume. Gegen Süden grenzt es in seiner ganzen Breite an ein noch unbebautes Grundstück, dessen Eigentümer der Privatmann Friedrich Gebhard ist. Von diesem, im Grundsteuerkatasterplane mit der Pl.-Nr. 125 bezeichneten Grundstücke war das Anwesen in früherer Zeit nur durch eine auf der Grenze stehende Planke geschieden.

Im Jahre 1850 erbaute der damalige Eigentümer des Anwesens, der Baumeister Fink, in dessen südlichem Teile ein aus dem Erdgeschosse und einem Obergeschoße bestehendes Rückgebäude, dessen massive südliche Umfassungsmauer von da an auf der von ihr eingenommenen Strecke das Anwesen von dem benachbarten Grundstücke schied; auf den übrigen Strecken der Grenze blieb die Planke bestehen. Die Grundfläche des im Jahre 1850 erbauten Rückgebäudes ist auf dem in den Akten des Stadtmagistrats enthaltenen Lageplane, den der Kaufmann Koch im Monate August 1894 dem Stadtmagistrate vorgelegt hat, mit den Buchstaben a, b, c, d bezeichnet. Im Obergeschosse der südlichen Umfassungsmauer wurden fünf Fenster angebracht. Nachdem im Jahre 1875 Ludwig Koch Eigentümer des Anwesens geworden war, vergrößerte er im Jahre 1882 das Rückgebäude durch Errichtung eines Anbaus auf der in dem Plane mit den Buchstaben c, d, e, f bezeichneten Fläche. In der auf der Strecke d f an die Stelle der Planke getretenen Fortsetzung der südlichen Umfassungsmauer wurden zwei Fenster des Obergeschosses angebracht.

Im März des laufenden Jahres brach in dem Rückgebäude ein Brand aus, durch den nicht blos das Innere, sowie das Dach des Gebäudes zerstört, sondern auch die Umfassungsmauern des westlichen Teils so beschädigt wurden, daß sie auf den in dem Plane mit den Buchstaben ga, ab, bh bezeichneten Strecken teils einstürzten, teils abgebrochen werden mußten. In dem untergegangenen Teile (bh) der südlichen Umfassungsmauer befand sich eines der Fenster.

Der Kaufmann Koch beabsichtigt, das Rückgebäude wiederherzustellen und es bei dieser Gelegenheit auch gegen Westen durch einen Anbau zu vergrößern. Die Grundfläche dieses Anbaus ist im Plane mit den Buchstaben a, b, i, k bezeichnet. Das Obergeschoß der südlichen

Umfassungsmauer soll hiebei in dem auf der Strecke bh wiederherzustellenden Teile statt des bis zu dem Brande vorhanden gewesenen einzigen Fensters zwei Fenster und in dem auf der Strecke bk neu zu erbauenden Teile gleichfalls zwei Fenster erhalten. Koch reichte im Monate August dieses Jahres das Gesuch um Erteilung der baupolizeilichen Genehmigung zur Wiederherstellung und Vergrößerung des Rückgebäudes bei dem Stadtmagistrate ein. Die von ihm hiebei vorgelegten Baupläne wurden vom baupolizeilichen Standpunkte nicht beanstandet. Dagegen erhob Friedrich Gebhard als Eigentümer des benachbarten Grundstücks Einspruch gegen das Gesuch deshalb, weil Koch nicht berechtigt sei, in der südlichen Umfassungsmauer des Rückgebäudes Fenster anzubringen und zu haben. Der von einem Kommissar des Stadtmagistrats am 31. August unternommene Versuch gütlicher Ausgleichung mißlang. Der Stadtmagistrat erteilte hierauf am 3. September dem Kaufmann Koch den Bescheid, daß ihm die Genehmigung zur Ausführung des beabsichtigten Baus so lang nicht erteilt werden könne, als nicht durch rechtskräftige Entscheidung der Gerichte der von Gebhard erhobene Einspruch für unbegründet erklärt sein würde. Diese Entscheidung soll durch die erhobene Klage herbeigeführt werden.

Es wird Sache des Beklagten sein, den bei der Baupolizeibehörde erhobenen Einspruch rechtlich zu begründen. Aus den vorbereitenden Schriftsätzen seines Anwalts kenne ich zwar die Gründe, auf die er sich seither stützen zu können glaubte. Ich weiß indes nicht, ob er sie heute sämtliche aufrechterhalten wird. Deshalb sehe ich zunächst davon ab, näher auf sie einzugehen, und beschränke mich auf folgende Bemerkungen: Der Einspruch des Beklagten ist rechtlich nicht begründet. Der Kläger ist Eigentümer des noch stehenden Teils der südlichen Umfassungsmauer des Rückgebäudes und wird auch Eigentümer des wiederherzustellenden und des neu zu erbauenden Teils der Mauer. Darauf, daß dem Beklagten ein persönliches oder dingliches Recht zustehe, kraft dessen er dem Kläger verbieten könnte, durch Anbringung von Fenstern in der Mauer den Räumen seines Rückgebäudes Licht zuzuführen, hat sich sein Vertreter wenigstens bis jetzt nicht berufen. Es steht ihm ein solches Recht auch nicht zu."

Der Vorsitzende erteilte hierauf das Wort dem Rechtsanwalte Fuchs. Dieser trug folgendes vor:

„Der Vertreter des Klägers ist in vollständigem Irrtum darüber, welcher Standpunkt ihm durch die thatsächliche und rechtliche Lage des Falls angewiesen ist. 1) Nicht der Beklagte hat seinen Einspruch gegen das Bauvorhaben des Klägers zu begründen, sondern der Kläger hat darzuthun, daß er berechtigt ist, so zu bauen, wie er zu bauen beabsichtigt. Ich habe indes kein Interesse daran, erst abzuwarten, in welcher Weise er dies etwa darzuthun versuchen wird, denn ich bin in der Lage, sofort den Gegenbeweis zu liefern.

Es ist vor allem nicht richtig, daß der Kläger Eigentümer der Mauer ist, um die es sich handelt. Den westlichen Teil der Grenze, die das Grundstück des Klägers von dem des Beklagten scheidet, bildet noch jetzt die vom Vertreter des Klägers schon erwähnte, genau auf der Grenze stehende Planke. Aus der Art, wie sich an die Planke der Grundbau des dort zerstörten Teils der Mauer anschließt, ist ersichtlich, daß die Mauer vom Grunde auf so gebaut ist, daß sie je zur Hälfte ihrer Stärke diesseits und jenseits der Grenze steht. 2) Der Kläger ist daher nur Miteigentümer der Mauer. Der Beklagte hat nichts dagegen, daß der Kläger den durch den Brand zerstörten Teil der Mauer wiederherstellt, auch der Verlängerung der Mauer gegen Westen zum Zwecke der Vergrößerung des Rückgebäudes will er nicht widersprechen. Aber auch von diesen Teilen der Mauer, die nach dem vom Kläger der Baupolizei vorgelegten Bauplane in gleicher Stärke wie der noch stehende Teil auf dem alten Grundbau und im übrigen in geradliniger Fortsetzung, also gleichfalls je zur Hälfte der Stärke diesseits und jenseits der Grenze, gebaut werden sollen, wird der Kläger, wenn sie erbaut sein werden, nur Miteigentümer sein. Hierauf kommt es indessen gar nicht an. Der Kläger hätte selbst dann nicht das Recht, Fenster in der Mauer anzubringen, wenn er allein Eigentümer der Mauer wäre, denn es ist ein anerkannter Satz des sogenannten Nachbarrechts, daß niemand in einer auf der Grenze seines Grundstücks stehenden Maner Fenster gegen das Grundstück des Nachbars anbringen darf ohne dessen ausdrückliche Bewilligung. 3) Nicht einmal zur Wiederanbringung des in dem zerstörten Teile der Mauer angebracht gewesenen Fensters ist der Kläger befugt, weil schon das Vorhandensein dieses Fensters einen widerrechtlichen Eingriff in das Eigentum des Beklagten bildete, dessen Erneuerung sich gefallen zu lassen er nicht gesonnen ist. Der Kläger wäre dazu übrigens auch dann nicht befugt, wenn dem Bestehen dieses Fensters ein Recht des Klägers oder seines Rechtsvorgängers zugrundegelegen wäre, denn dieses Recht würde mit dem Untergange des Teils der Mauer, in dem das Fenster sich befand, erloschen sein und mit der Wiederherstellung der Mauer nicht ohne weiteres wiederaufleben. 4) Noch weit weniger würde er befugt sein, statt des vorhanden gewesenen einzigen Fensters nun deren zwei anzubringen. Die Meinung, von der der Vertreter des Klägers auszugehen scheint, daß der Beklagte, um der Anbringung der Fenster mit Erfolg widersprechen zu können, ein auf besonderem Erwerbsgrunde beruhendes, selbständiges Verbietungsrecht darthun müsse, ist also offenbar irrig. Das Verbietungsrecht des Beklagten ergibt sich unmittelbar daraus, daß er Eigentümer des angrenzenden Grundstücks ist.

5) Aber auch die schon vorhandenen Fenster, und zwar sowohl die in dem noch stehenden Teile des im Jahre 1850 erbauten Gebäudes als die in dem später errichteten östlichen Anbau müssen beseitigt werden, weil sie ohne Rechtsgrund bestehen. Ich kann zwar, wenigstens hinsichtlich der Fenster des ursprünglichen Rückgebäudes, nicht behaupten, daß sie ohne die Zustimmung dessen angebracht wurden, der im Jahre 1850 Eigentümer des jetzt dem Widerkläger gehörenden Grundstücks war. Aber ich behaupte, daß die Erteilung der Zustimmung nicht die Wirkung hatte, dem Kläger oder seinem Rechtsvorgänger ein unentziehbares Recht einzuräumen, sondern, daß sie nur die rechtliche Bedeutung der Gestattung bis auf Widerruf hatte. Die dem Gerichte vorliegenden Akten des Stadtmagistrats enthalten ein am 7. Februar 1850 aufgenommenes Protokoll, das sich auf das kurz vorher von dem damaligen Eigentümer des Anwesens Nr. 7 an der Winterstraße, dem Baumeister Fink, eingereichte Gesuch um Erteilung der baupolizeilichen Bewilligung zu der Erbauung eines Rückgebäudes in dem Anwesen bezieht. Der als Nachbar beteiligte Eigentümer des Grundstücks Pl.-Nr. 125 an der Sommerstraße, der Gärtner Schwarz, erklärte damals vor einer Kommission des Stadtmagistrats zu Protokoll: „„Ich habe gegen das vorliegende Baugesuch, insbesondere dagegen nichts zu erinnern, daß die südliche Umfassungsmauer des Neubaus zur Hälfte ihrer Stärke auf mein Grundstück zu stehen kommt. Auch will ich dagegen keinen Widerspruch erheben, daß in dem Obergeschosse dieser Mauer Fenster angebracht werden. Selbstverständlich aber müssen diese Fenster zugemauert werden, wenn künftig ich selbst einmal an die Mauer anbauen werde.““ Darüber, wie es gekommen ist, daß auch in dem später entstandenen öst-

lichen Anbau Fenster gegen das Nachbargrundstück angebracht wurden, geben die Bauakten keinen Aufschluß. Sie enthalten kein einziges auf diesen Anbau bezügliches Aktenstück. Es muß daher angenommen werden, daß zu dessen Erbauung nicht einmal die baupolizeiliche Genehmigung erholt worden ist. Schon aus diesem Grunde war die Anbringung der Fenster eine widerrechtliche Handlung. Daß der Nachbar sie gestattet oder nachträglich genehmigt hat, muß ich bestreiten, solang der Kläger es nicht beweist. Alles spricht dafür, daß, nachdem die Fenster einmal angebracht waren, der Nachbar sie stillschweigend geduldet hat. Diese Duldung aber ist ihrer Natur nach widerruflich. Auch der Widerkläger hat niemals ausdrücklich oder auch nur stillschweigend den in dem Vorhandensein der Fenster des Rückgebäudes liegenden Eingriff in sein Eigentum genehmigt. Er hat sich nur den thatsächlichen Zustand, den er bei der Erwerbung des Grundstücks Pl.-Nr. 125 vorfand, zunächst stillschweigend gefallen lassen. Daß die von einem Rechtsvorgänger erteilte Bewilligung oder dessen stillschweigende Duldung höchstens ein persönliches Rechtsverhältnis zwischen diesem und dem Eigentümer des Rückgebäudes begründete, den jetzigen Eigentümer des Nachbargrundstücks aber nicht bindet, bedarf keiner weiteren Ausführung. Es kommt dazu, daß durch spätere Vereinigung des Eigentums an dem Anwesen Nr. 7 mit dem Eigentum an dem Nachbargrundstücke, worauf ich später zurückkommen werde, überhaupt jedes zwischen den Eigentümern der Grundstücke etwa entstandene Rechtsverhältnis erlosch.

Hienach kann der Widerkläger jeder Zeit und ohne daß darauf etwas ankommt ob er selbst an die gemeinschaftliche Mauer anbauen will oder nicht, die Beseitigung der Fenster verlangen. Er beabsichtigt übrigens, das Grundstück Pl.-Nr. 125 in Bauplätze zu teilen und diese zu verkaufen. Da sie an der zum Teile schon bebauten Sommerstraße liegen, ist mit Sicherheit anzunehmen, daß sie in naher Zeit gleichfalls werden bebaut werden und daß die Bebauer auch Rückgebäude darauf errichten werden; daß hiebei an die gemeinschaftliche Mauer angebaut werden muß, ist aus dem Lageplane ohne weiteres ersichtlich.

Ich könnte hiemit schließen, denn ich glaube genugsam dargethan zu haben, daß die Klage nicht begründet, die Widerklage dagegen begründet ist. Nur weil ich in dem letzten der vorbereitenden Schriftsätze des Gegners die Absicht angedeutet finde, die Klage auch damit zu begründen, daß zwischen seinem Anwesen und dem Grundstücke des Beklagten ein Dienstbarkeitsverhältnis bestehe, kraft dessen er als Eigentümer des Anwesens Fenster gegen das südlich angrenzende Grundstück haben darf, sehe ich mich noch zu einigen Bemerkungen veranlaßt. Die Frage zu untersuchen, ob ein solches Rechtsverhältnis jemals begründet worden ist — es müßte dies spätestens im Jahre 1850 geschehen sein —, ist vollkommen überflüssig. Im Jahre 1861 erwarb nemlich der Baumeister Fink durch Kauf das Eigentum an dem Grundstücke Pl.-Nr. 125 von dem Gärtner Schwarz. Nach dem Rechtssatze „„nulli res sua servit““ erlosch hiemit jedes zwischen den beiden Grundstücken damals etwa bestehende Dienstbarkeitsverhältnis. Bei diesem Rechtszustande verblieb es trotz des Umstands, daß im Jahre 1863 das Eigentum an dem Grundstücke Pl.-Nr. 125 wieder auf eine andere Person, den Holzhändler Gruber, überging, denn eine erloschene Grunddienstbarkeit kann nicht von selbst wiederaufleben. Die vermeintliche Dienstbarkeit würde übrigens, wenn sie nicht aus dem soeben bezeichneten Grunde schon im Jahre 1861 erloschen wäre, im Monate März des laufenden Jahres wenigstens zum Teile erloschen sein. Soweit durch den Brand nicht blos das Innere und das Dach des Rückgebäudes, sondern auch die Umfassungsmauern zerstört wurden, ist das herrschende Grundstück untergegangen, und hiemit erlosch die Dienstbarkeit wenigstens insoweit, als sie mit dem zerstörten Teile des Gebäudes etwa ausgeübt worden war. Die Klage wäre daher auf keinen Fall begründet, soweit sie die Anbringung von Fenstern in dem wiederherzustellenden Teile der südlichen Umfassungsmauer zum Gegenstande hat.

Selbst wenn übrigens eine Dienstbarkeit des angenommenen Inhalts bestände, könnte davon nicht die Rede sein, daß der Kläger in dem neuen Anbau Fenster gegen das angrenzende Grundstück des Beklagten anbringen darf. Dienendes Grundstück wäre nemlich nicht das ganze Grundstück des Beklagten, sondern nur der Teil davon, der an das herrschende Grundstück, das Rückgebäude des Klägers, grenzt. Der westliche Teil des Grundstücks des Beklagten, der nicht an die in dem Lageplane mit den Buchstaben a, b, e, f bezeichnete Grundfläche des Rückgebäudes grenzt, wäre daher von der Dienstbarkeit unter allen Umständen frei. Daraus, daß dem Kläger an den übrigen Teilen des Grundstücks Pl.-Nr. 125 die angenommene Dienstbarkeit etwa zustände, würde daher das von ihm beanspruchte Recht, auch in dem Anbaue Fenster gegen das Nachbargrundstück anzubringen, unmöglich abgeleitet werden können."

Zur Entgegnung erhielt hierauf das Wort Herr Rechtsanwalt Körner. Dieser äußerte sich folgendermaßen:

„Ich will nicht bestreiten, daß die Mauer so gebaut ist, wie der Vertreter des Beklagten angegeben hat. Allein daraus folgt nicht, was er daraus ableiten zu können glaubt. Nach dem Rechtssatze, daß Gräben, Hecken, Planken, Mauern und sonstige Vorrichtungen, die dazu bestimmt sind, Grundstücke von einander zu scheiden, den Eigentümern der benachbarten Grundstücke gemeinschaftlich gehören, sowie nach der von dem Gärtner Schwarz am 7. Februar 1850 abgegebenen Erklärung wird allerdings angenommen werden müssen, daß das Eigentum an der Mauer insoweit, als sie die bis zu ihrer Erbauung vorhanden gewesene Planke ersetzt und statt dieser dazu dient, die benachbarten Grundstücke von einander zu scheiden, dem Kläger und dem Beklagten zusteht. Dem bezeichneten Zwecke dient die Mauer aber nicht in ihrer ganzen Höhe, sondern nur bis zu dem Teile ihrer Höhe, welcher der Höhe der Planke entspricht; diese betrug, wie an dem auf einer Strecke der Grenze noch stehenden Reste der Planke zu sehen ist, nicht mehr als drei Meter. Soweit die Mauer dagegen diese Höhe überschreitet, insbesondere soweit sie die südliche Wand des Obergeschosses des Rückgebäudes bildet — und nur um diesen Teil der Mauer handelt es sich ja, weil nach Süden gehende Fenster sich nur im Obergeschosse befinden und weitere Fenster nur in diesem angebracht werden sollen —, dient sie ausschließlich zum Nutzen des dem Kläger gehörenden Rückgebäudes. Sie muß daher im Obergeschosse auch rechtlich als ein ausschließlicher Bestandteil dieses Gebäudes und deshalb als ausschließlich dem Kläger gehörig betrachtet werden. Das Rechtsverhältnis, in dem der Kläger und der Beklagte hinsichtlich der Mauer zu einander stehen, ist hienach das der servitus oneris ferendi: der Kläger ist berechtigt, auf einer — wenigstens zum Teile — dem Eigentümer des Nachbargrundstücks gehörigen baulichen Anlage ein nur ihm gehöriges Bauwerk ruhen zu lassen. Daß der Kläger befugt ist, den zerstörten Teil dieses Bauwerks wiederherzustellen, ist hienach ohne weiteres klar. Es kann ihm aber auch nicht verwehrt werden, statt des dort vorhanden gewesenen einzigen Fensters zwei Fenster anzubringen und den neuen Anbau im Obergeschosse gleichfalls mit zwei nach Süden gehenden Fenstern zu versehen. Der Stand der Dinge, der zur Zeit der Entstehung des Rechtsverhältnisses obwaltete, kann nicht als für alle Zeiten maßgebend betrachtet werden. Der Umfang und die Art der Ausübung einer Grunddienstbarkeit richten sich vielmehr ausschließlich nach dem Bedürfnisse des Berechtigten, das durch die Dienstbarkeit befriedigt werden soll. Steigert sich das Bedürfnis, so erweitert sich damit auch das Maß der Ausübung der Berechtigung. Die wirtschaftlichen Verhältnisse des Klägers machen die Vergrößerung des Rückgebäudes notwendig, und der durch den Wiederaufbau des zerstörten Teils und durch den Anbau verfügbar werdende Raum kann in der dem Bedürfnisse entsprechenden Weise nur dann ausgenützt werden, wenn der gesamte Bau auch hinsichtlich der Anlage der Fenster so ausgeführt wird, wie der Kläger ihn auszuführen beabsichtigt. Der Beklagte könnte dies dem Kläger nur dann verwehren, wenn er an dem Anwesen des Klägers eine Dienstbarkeit erworben hätte, kraft deren das Recht des Klägers, Fenster gegen das Nachbargrundstück zu haben, ausgeschlossen wäre.

Der Beklagte hat nicht behauptet, daß ein solches Dienstbarkeitsverhältnis bestehe. Gleichwohl geht er sogar so weit, dem Kläger auch das Recht auf den Bestand der Fenster zu bestreiten, von denen die meisten schon länger als vierzig Jahre und die übrigen auch schon länger als zehn Jahre bestehen. Er beruft sich auf das Protokoll vom 7. Februar 1850. Die in diesem enthaltene Erklärung spricht aber gerade gegen ihn, denn daß die Fenster zugemauert werden, könnte darnach erst dann verlangt werden, wenn an die Mauer angebaut wird. Der Beklagte beabsichtigt nicht, dies zu thun, er kann daher auch die Zumauerung nicht verlangen; denn mehr Recht, als sein Rechtsvorgänger hatte, konnte auf ihn nicht übergehen. Die einseitige Erklärung dieses früheren Eigentümers ist aber überhaupt ohne rechtliche Bedeutung, weil das Recht, Fenster in der Mauer zu haben, unmittelbar aus dem Eigentum an der Mauer folgt und der Inhalt des Eigentums durch die einseitige Erklärung eines anderen nicht beschränkt werden kann. Überdies steht ja noch keineswegs fest, daß der Beklagte oder sein Rechtsnachfolger berechtigt ist, an die Mauer anzubauen. Ich bestreite es, will aber auf diese Frage jetzt nicht weiter eingehen, weil in diesem Rechtsstreite darauf, wie sie zu beantworten wäre, nichts ankommt. Von dem Vorhandensein und dem Inhalte des Protokolls hatte übrigens der Kläger bis zu dem Tage, an dem der von mir schon erwähnte Versuch gütlichen Ausgleichs stattfand, keine Kenntnis. Ob der Kläger zur Erbauung des von ihm im Jahre 1882 hergestellten östlichen Anbaus an das Rückgebäude die baupolizeiliche Bewilligung erholt hat oder nicht, ist ihm nicht mehr erinnerlich. Es kommt darauf aber auch gar nichts an; in diesem Teile des Rückgebäudes gleichfalls Fenster gegen das Nachbargrundstück anzubringen, war er aus den schon erörterten Gründen ohne weiteres berechtigt. Der Anspruch auf Beseitigung der Fenster wäre überdies verjährt. Entstanden wäre er im Jahre 1863, denn in diesem Jahre ging das Eigentum an dem Grundstücke Pl.-Nr. 125, das seit dem Jahre 1861 zugleich mit dem Anwesen Nr. 7 dem Baumeister Fink gehört hatte, auf den Rechtsvorgänger des Beklagten über, und seit diesem Zeitpunkte sind mehr als dreißig Jahre abgelaufen. Daß der mit zwei Fenstern gegen das Grundstück des Beklagten versehene östliche Anbau erst im Jahre 1882 entstand, ist ohne Belang, weil die Anbringung dieser Fenster nicht auf einer selbständigen Berechtigung beruhte, sondern aus den Gründen, die ich vorhin bei der Besprechung des beabsichtigten westlichen Anbaus erörterte, nur eine Handlung war, durch die der Kläger die schon seit dem Jahre 1850 bestehende Berechtigung nach Maßgabe der inzwischen eingetretenen Steigerung seines wirtschaftlichen Bedürfnisses ausübte, aus der daher ein selbständig verfolgbarer Anspruch des Beklagten überhaupt nicht entstehen konnte.

Der Vertreter des Beklagten hat schließlich die Frage aufgeworfen und erörtert, ob sich etwa annehmen lasse, daß sein Grundstück mit einer Dienstbarkeit belastet sei, vermöge deren er sich das Bestehen der Fenster und die Anbringung weiterer Fenster gefallen lassen müßte. Ich kann den Standpunkt, von dem aus ich zu der Folgerung kam, daß das Recht auf die Fenster unmittelbar aus dem Eigentum des Klägers an der Mauer oder wenigstens an dem Teile der Mauer folgt, in dem die Fenster sich befinden und die neuen angebracht werden sollen, nicht aufgeben. Selbstverständlich aber lehne ich für den Fall, daß wider Erwarten das Gericht nicht zu der gleichen Anschauung kommen sollte, es nicht ab, wenn dem Kläger das, was in der Klage begehrt ist, aus einem anderen Rechtsgrunde als dem in der Klage geltend gemachten, zugesprochen wird. Der Erfolg ist für ihn ja der gleiche. Ich gehe daher auf diese Frage ein, wie ich denn ja schon dadurch, daß ich mit meinem letzten Schriftsatze dem Gegner die Urkunde mitgeteilt habe, auf die ich sogleich zurückkommen werde, zu erkennen gab, daß ich vorsorglich auch den Klagegrund der Dienstbarkeit geltend zu machen beabsichtige.

Wie schon wiederholt erwähnt wurde, war vom Jahre 1861 bis zum Jahre 1863 das Eigentum an dem Anwesen Nr. 7 und das Eigentum an dem Grundstücke Pl.-Nr. 125 in der Person dessen vereinigt, der im Jahre 1850 das zu dem Anwesen Nr. 7 gehörige Rückgebäude erbaut hatte, des Baumeisters Fink. Von ihm erwarb der Kläger im Jahre 1875 durch Kauf das Anwesen, während das Eigentum an dem Grundstücke Pl.-Nr. 125 schon im Jahre 1863 durch Kauf auf den Holzhändler Gruber übergegangen war. Von diesem erwarb es im Jahre 1883 durch Kauf der Beklagte. Unter den vielen auf das Anwesen bezüglichen, ungeordneten Papieren, die Fink erst im Laufe der zweiten Hälfte der achtziger Jahre seinem Rechtsnachfolger Koch übergab, dieser aber zunächst nicht weiter beachtete und, nachdem ihr Besitz ihm vollständig in Vergessenheit geraten war, erst im vorigen Monate zufällig wieder auffand und mir übergab, entdeckte ich ein Aktenstück von, wie mir scheint, großer Erheblichkeit. Es ist die beglaubigte Abschrift einer Urkunde des früheren hiesigen Notars Neu vom 16. Juli 1862 und einer auf der Urschrift dieser Urkunde befindlichen Verfügung des vormaligen Stadtgerichts Landsburg vom 20. Juli 1862. Laut der Urkunde, bei deren Errichtung die gewöhnlichen Förmlichkeiten einer Notariatsurkunde beobachtet wurden, erklärte der Baumeister Fink vor dem Notare folgendes: „„Ich bin Eigentümer des Anwesens Nr. 7 an der Winterstraße und des daran grenzenden Grundstücks Pl.-Nr. 125. Das zu dem Anwesen gehörende Rückgebäude hat im Obergeschosse Fenster gegen das angrenzende Grundstück. Damit nicht, wenn etwa nach meinem Tode die beiden Grundstücke in das Eigentum verschiedener Personen übergehen, zwischen diesen ein Streit über das Bestehen dieser Fenster entsteht, bestimme ich hiemit, daß auf dem Grundstücke Pl.-Nr. 125 nichts vorgenommen werden darf, wodurch dem Rückgebäude das durch die Fenster einfallende Licht entzogen wird. Ich beantrage, daß dies in das Hypothekenbuch eingetragen wird.““ Der Notar legte die Urschrift der Urkunde dem Stadtgerichte Landsburg vor, dieses lehnte aber durch einen auf die Urschrift gesetzten Beschluß vom 20. Juli 1862 die Eintragung ab, „„weil sich Grunddienstbarkeiten zum Eintrag in das Hypothekenbuch nicht eignen““. Fink scheint sich bei diesem Bescheide beruhigt zu haben. Auch keiner der notariellen Verträge, durch die er in den Jahren 1863 und 1875 die beiden Grundstücke verkaufte, enthält eine auf die Fenster des Rückgebäudes bezügliche Bestimmung. Das eine ist rechtlich so unerheblich wie das andere. Es genügt, daß der Eigentümer der beiden Grundstücke in Beziehung darauf, was zwischen diesen hinsichtlich der Fenster Rechtens sein soll, seinen Willen in unzweideutiger Weise und in giltiger urkundlicher Form ausgesprochen hat. Daß er hiezu berechtigt war, kann nicht in Zweifel gezogen werden. Niemand wird dem Eigentümer zweier an einander grenzender Grundstücke das Recht absprechen wollen, die Grundstücke räumlich anders als bisher von einander abzugrenzen, z. B. einen Flächenabschnitt des einen Grundstücks von diesem abschreiben und dem anderen zuschreiben zu lassen. Ebenso wenig kann dem Eigentümer die Befugnis versagt sein, durch Bestellung einer Grunddienstbarkeit an dem einen seiner Grundstücke für das andere sie rechtlich anders abzugrenzen.

In den durch die Erklärung des Baumeisters Fink begründeten Rechtszustand trat der Kläger ein, als er im Jahre 1875 Eigentümer des Anwesens Nr. 7 an der Winterstraße wurde. Er wußte zwar damals nicht, wodurch dieser Rechtszustand begründet worden war, aber er war — und unter den obwaltenden Umständen konnte es ja gar nicht anders sein — des guten Glaubens, daß der seit dem Jahre 1850 ununterbrochen und unangefochten bestehende thatsächliche Zustand, den er bei der Erwerbung des Eigentums an dem Anwesen vorgefunden hatte, rechtmäßig bestehe. Er ist seitdem ununterbrochen Eigentümer und Besitzer des Anwesens, hat sohin seitdem auch die Berechtigung, die in dem Vorhandensein der Fenster auf eine für jedermann erkennbare Weise zum Ausdrucke kommt, ununterbrochen ausgeübt. Ebenso liegt die Sache auf der anderen Seite. Der Rechtsvorgänger des Beklagten, der Holzhändler Gruber, war schon im Jahre 1863 in den von dem Erbauer des Rückgebäudes im Jahre 1850 geschaffenen und im Jahre 1862 rechtlich sichergestellten Zustand eingetreten, hatte ihn unangefochten fortdauern lassen und übertrug ihn im Jahre 1883 auf den Beklagten. Die einzige seit dem Jahre 1850 vorgegangene Veränderung ist die im Jahre 1882 erfolgte Vergrößerung des Rückgebäudes. Daß hiedurch ein neues, selbständiges Rechtsverhältnis nicht in das Leben trat, habe ich schon früher dargelegt. Der Kläger übte hiedurch nur ein ihm schon zustehendes Recht aus, zum mindesten handelte er in dem guten Glauben, daß er berechtigt sei, zwei weitere Fenster anzubringen, und auch diese bestehen seitdem ununterbrochen.

Daß angesichts der Urkunde vom 16. Juli 1862 die im Jahre 1861 eingetretene Vereinigung des Eigentums an den beiden Grundstücken in einer Person gleichgiltig ist, liegt auf der Hand. Es ist übrigens unrichtig, daß diese Vereinigung das Erlöschen der Dienstbarkeit bewirkt hätte und das eine durch die Vereinigung der Dienstbarkeitsberechtigung und des Eigentums an der dienenden Sache in einer Hand erloschene Dienstbarkeit nicht wiederauflebt, wenn später wieder eine Trennung der Rechte eintritt. Das Erlöschen der Dienstbarkeit in diesem Falle hat zur selbstverständlichen Voraussetzung, daß der in dessen Person die Vereinigung eingetreten ist, von seiner Befugnis Gebrauch macht, die das Bestehen der Dienstbarkeit bezeichnende Anlage zu beseitigen, und der Rechtssatz von dem Nichtwiederaufleben ist nur so zu verstehen, daß der spätere Erwerber des Grundstücks, mit dem die Dienstbarkeitsberechtigung verbunden war, nicht von rechtswegen sofort wieder in den Besitz der Berechtigung tritt; wohl aber hat er Anspruch auf ihre Wiederbestellung. In unserem Falle blieben die Fenster bestehen, die Dienstbarkeit wäre daher gar nicht erloschen. Der Verkauf des Grundstückes Pl.-Nr. 125 an den Holzhändler

Gruber im Jahre 1863 bei Bestehen der Fenster würde überdies die rechtliche Wirkung einer Neubestellung der Dienstbarkeit gehabt haben.

Ohne Belang ist auch der Umstand, daß durch den Brand ein Teil des Rückgebäudes zerstört worden ist; denn für das Rückgebäude im ganzen, das ja in seiner vollen Ausdehnung die herrschende Sache bildet, bedeutet die Zerstörung eines Teils nicht Untergang sondern nur Beschädigung. Auch ist teilweises Erlöschen einer Dienstbarkeit rechtlich nicht denkbar.

Ohne Erfolg sucht der Beklagte endlich den Umstand zu verwerten, daß nur ein Teil seines Grundstücks an die Grundfläche des Anbaus grenzt, um den der Kläger das Rückgebäude zu vergrößern beabsichtigt. Dies ist ohne rechtliche Bedeutung, weil die Last einer Grunddienstbarkeit auf jedem Teile des dienenden Grundstücks ruht.

Ich halte hienach den verlesenen Klageantrag aufrecht und beantrage Abweisung der Widerklage."

Der Vorsitzende erteilte hierauf nochmals das Wort dem Rechtsanwalte Fuchs. Dieser erklärte:

„Auf die — vollständig verfehlten — Ausführungen des Gegners über das Eigentum an der Mauer gehe ich nicht weiter ein, weil, wie ich schon bemerkt habe, darauf, wie es sich hinsichtlich des Eigentums verhält, gar nichts ankommt. Selbstverständlich bestreite ich übrigens, daß der Kläger Alleineigentümer irgend eines Teils der Mauer ist und daß ihm als — vermeintlichen — Eigentümer des oberen Teils eine Dienstbarkeit an dem unteren Teile zusteht. Unhaltbar sind auch alle übrigen Rechtsausführungen, die er daran geknüpft hat.

Ob er den Inhalt des Protokolls vom 7. Februar 1850 schon vor dem 31. August 1894 gekannt hat oder nicht, ist gleichgiltig. Entscheidend ist, daß die Erbauung des Rückgebäudes mit Anbringung von Fenstern gegen das Nachbargrundstück nur durch die in dem Protokolle enthaltene Erklärung möglich geworden ist. Hätte der damalige Nachbar diese Erklärung nicht abgegeben, so wäre die baupolizeiliche Genehmigung dazu, daß das Rückgebäude so gebaut werde, damals ebenso wenig erteilt worden, als sie dem Kläger zur Herstellung eines neuen Anbaus mit Fenstern gegen Süden jetzt erteilt werden konnte. Die Anbringung von Fenstern in dem östlichen Anbau war eine Handlung unbefugter Eigenmacht, aus der ein Recht nie entstehen konnte. Wie ein Anspruch des Widerklägers, dessen Rechtsgrund das Eigentum ist, verjährt sein sollte, ist unverständlich.

Ich will nicht bestreiten, daß der Baumeister Fink im Jahre 1862 die Absicht gehabt haben mochte, den Bestand der Fenster rechtlich zu sichern. Allein er hat diese Absicht unzweifelhaft nur in rechtlich unwirksamer Art zum Ausdrucke gebracht. Infolgedessen kann auch der Kläger daraus, daß der thatsächliche Zustand, den er bei dem Kaufe des Anwesens vorfand, seither unangefochten fortdauerte, ein Recht nicht ableiten. Daß der Widerkläger diesen rechtswidrigen Zustand seither geduldet hat, war bloße Gefälligkeit und Vergünstigung. Der Kläger konnte übrigens nicht einmal den Willen haben, eine Dienstbarkeitsberechtigung auszuüben, denn bis zu der Auffindung der Urkunde vom 16. Juli 1862 war er der Meinung — und er ist dieser Meinung sogar jetzt noch —, daß er schon kraft des Eigentums an dem Anwesen berechtigt sei, Fenster gegen das angrenzende fremde Grundstück zu haben. Auch wird durch langjährige Ausübung einer Dienstbarkeit nicht unmittelbar das Recht der Dienstbarkeit, sondern nur ein persönlicher Anspruch gegen den Eigentümer des anderen Grundstücks auf Bestellung der Dienstbarkeit erworben. Daß die Anbringung von Fenstern in dem im Jahre 1882 errichteten Anbau eine eigenmächtige, im Sinne der Quellen gewaltsame Handlung war, daß, wenn im übrigen eine Dienstbarkeit jemals bestanden hätte, sie längst erloschen und nicht etwa wiederaufgelebt wäre, will ich nicht nochmals ausführen. Die Schlußbemerkung des Gegners endlich, daß die Last einer Dienstbarkeit auf jedem Teile des dienenden Grundstücks ruht, ist in dieser Allgemeinheit nicht richtig. Eine Dienstbarkeit, deren Ausübung nur einen räumlichen Teil des dienenden Grundstücks in Anspruch nimmt, haftet dergestalt auf dem von der Ausübung berührten Teile ausschließlich, daß die übrigen Teile als unbelastet zu gelten haben.

Ich wiederhole hienach meine Anträge."

Auf Frage des Vorsitzenden erklärten beide Rechtsanwälte, daß sie ihren Vorträgen, insbesondere auch in thatsächlicher Beziehung, nichts mehr beifügen könnten und wollten und daß die dem Gerichte vorliegenden Akten des Stadtmagistrats außer demjenigen, worauf sie sich in ihren Vorträgen bezogen haben, nichts für die Entscheidung des Rechtsstreits erhebliches enthalten.

Der Vorsitzende erklärte hierauf die Verhandlung für geschlossen und beraumte Termin zur Verkündung der Entscheidung auf den 11. Dezember 1894 nachmittags fünf Uhr an.

Das Sitzungsprotokoll wurde den Anwälten zur Einsichtnahme vorgelegt und von ihnen genehmigt.

I. Probe-Aufgabe

aus dem Staatsrechte des deutschen Reiches und des Königreiches Bayern 1894.

I.

Wie ist die herrschende Meinung zu begründen, daß zu einer zwischen einem Einzelstaate des deutschen Reiches und einem außerdeutschen Staate beabsichtigten Grenzregulirung, bei welcher unstreitiges Gebiet des betreffenden deutschen

Staates an das Ausland abgetreten werden soll, die Mitwirkung des Reiches erforderlich ist?

Die Mitwirkung des Reiches kann an sich in der Weise gedacht werden, daß das Reich selbst, sei es ausschließlich durch einen Reichsvertrag, sei es durch einen Zusatzvertrag zu dem von dem Einzelstaate abgeschlossenen Vertrage, dem außerdeutschen Staate gegenüber als vertragsschließender Teil auftritt, oder in der Weise, daß der Vertrag lediglich durch den betreffenden deutschen Einzelstaat abgeschlossen wird, sei es unter Vorbehalt der Zustimmung des Reiches, sei es nach Erholung derselben.

Welche Art der Sachbehandlung ist die den bestehenden reichsverfassungsrechtlichen Verhältnissen entsprechende, und welche Erfordernisse müssen erfüllt werden, um die Willenserklärung des Reiches als rechtsgültig erscheinen zu lassen?

Ist eine Mitwirkung des Reiches auch dann als erforderlich zu erachten, wenn es sich nicht um Neuregulirung einer bisher unstreitigen Grenze, sondern um vertragsmäßige Feststellung einer bisher zweifelhaften Grenze handelt?

II.

Franz Muhr, früher beheimatet in Moosbuch, k. Bezirksamts Passau, wanderte im Jahre 1860 nach den Vereinigten Staaten von Amerika aus, woselbst er das Bürgerrecht erwarb. Im März 1869 kehrt ꝛc. Muhr von New-York nach Bayern zurück und kaufte im gleichen Monate die Neumühle (Anwesen mit einer realen Mühlgerechtsame und Grundstücken), k. Bezirksamts Kempten, welche er jetzt noch besitzt.

Aus der im April 1869 ohne jegliches polizeiliches Zeugnis abgeschlossenen Ehe des Franz Muhr mit Anna Weigel von Neumühle entsprossen zwei Kinder: Georg, geboren am 12. Januar 1870, und Josef, geboren am 20. November 1874.

Dieser verblieb zu Hause. Jener hingegen begab sich im Februar 1887, lediglich mit einem gemeindlichen Heimatscheine versehen, nach Chicago. Da er im Zweifel war, ob er durch Abstammung nordamerikanischer Bürger sei, erwarb er im April 1892 das Bürgerrecht der Vereinigten Staaten selbständig. Im Juli 1893 kehrte jedoch Georg Muhr nach Neumühle zurück, um im elterlichen Geschäfte thätig zu werden.

Nachdem sich Georg und Josef Muhr im Jahre 1894 nicht zur Stammrolle anmeldeten, wurde die Frage der Staatsangehörigkeit der Muhr'schen Familie anhängig. Franz Muhr und seine beiden Söhne behaupteten, sie seien Bürger der Vereinigten Staaten von Amerika. Das k. Bezirksamt Kempten bestritt dieses bezüglich des Franz und Josef Muhr, da sich der erstere im Jahre 1869 in Bayern wieder ansässig gemacht habe. Bezüglich des Georg Muhr gab das bezeichnete Amt zwar zu, daß er im Jahre 1892 das Bürgerrecht in den Vereinigten Staaten erworben habe, allein hiedurch sei er nicht der bayerischen Staatsangehörigkeit verlustig geworden.

Wie sind die Staatsangehörigkeitsverhältnisse der mehrgenannten drei Personen und die Wehrpflichtverhältnisse des Georg und Josef Muhr nach dem in Bayern geltenden Rechte gelagert?

(Die Entscheidung ist zu begründen.)

II. Probe-Aufgabe

aus dem Staatsrechte des deutschen Reiches und des Königreichs Bayern 1894.

I.

Mehrere zum Distrikte N gehörige Gemeinden betreiben seit längerer Zeit die Übernahme des von A über M nach O und von da an die Bezirksamtsgrenze führenden Verbindungsweges auf den Distrikt.

Nach entsprechenden Erhebungen über die Frequenz dieses Weges lehnte der Distriktsrat N nach Vorberatung der Sache im Ausschusse mit Beschluß vom 28. Oktober 1893 diese Übernahme ab, weil der fragliche Straßenzug einen über die nachbarliche Verbindung einzelner Gemeinden erheblich hinausgehenden Verkehr zu vermitteln weder bestimmt noch geeignet sei.

Die k. Regierung, Kammer des Innern, von O erteilte bei Bescheidung der Distriktsratsverhandlungen diesem Beschlusse mit Kollegialbescheid vom 17. Dezember 1893 die Genehmigung, indem sie in motivierter Weise der Anschauung des Distriktsrates beitrat.

Gegen diesen Regierungsbescheid erhoben zwei der beteiligten Gemeinden in formell nicht zu beanstandender Weise Berufung zum k. Staatsministerium des Innern, in welcher sie unter näherer Ausführung beantragten, es wolle der angefochtene Bescheid aufgehoben, der bezeichnete Verbindungsweg als Distriktsstraße erklärt und die Distriktsgemeinde N zur künftigen Unterhaltung desselben angehalten werden.

Der Distriktsausschuß N, welchem die Berufung mitgeteilt wurde, nahm Anlaß zu einer besonderen Erklärung, in welcher der ablehnende Distriktsratsbeschluß vom 28. Oktober 1893 eingehender begründet und um Abweisung der Berufung gebeten wurde. Hiebei wurde insbesondere noch geltend gemacht, daß die Zuständigkeit des k. Staatsministerium des Innern zur Bescheidung der Berufung bestritten werden müsse, nachdem es sich zunächst um Prüfung der Frage handle, ob der Verbindungsweg gegenüber dem Widerspruche der Distriktsgemeinde bezüglich seines Verkehres als Distriktsstraße erklärt werden könne, die letztinstanzielle Entscheidung hierüber aber dem k. Verwaltungsgerichtshofe zukommen, während bei einer allenfallsigen günstigen Verbescheidung der eingelegten Berufung seitens des k. Staatsministeriums des Innern die Frage der Verkehrsqualität des Verbindungsweges gesetzwidrig zum Nachteile des Distriktes, dem gegen die Entscheidung kein Rechtsmittel mehr zustehe, der Zuständigkeit des k. Verwaltungsgerichtshofes entzogen werde.

Das k. Staatsministerium des Innern kommt nach Würdigung der Sache zur Überzeugung, daß dem in Frage stehenden Straßenzuge nach den obwaltenden Verkehrsverhältnissen distriktive Bedeutung zukomme.

Welchen Standpunkt wird dasselbe im Hinblicke auf die Art. 23, 27 Abs. I lit. b Ziff. 4 Art. 28 (neuer Fassung) und 38 des Distriktsratsgesetzes vom 28. Mai 1852, dann im Hinblicke auf Art. 8 Ziff. 34, Art. 10 Ziff. 1, Art. 13 Ziff. 3 und Art. 48 des Gesetzes vom 8. August 1878, betr. die Errichtung eines Verwaltungsgerichtshofes und das Verfahren in Verwaltungsrechtssachen, bei seiner Entschließung einzunehmen haben?

II.

Sind die vorgebrachten Klagen, die Prinzipien des Gesetzes vom $\frac{\text{16. April 1868}}{\text{23. Februar 1872, 21. April 1884 u. 17. März 1892}}$ über die Heimat und deren Wirkungen entsprächen nicht mehr dem dermaligen Stande der Bewegung der Bevölkerung zwischen Stadt und Land, begründet, und durch welche Gesetzesänderungen könnte allenfalls diesen Klagen begegnet werden?

Probe-Aufgabe
aus dem katholischen Kirchenrechte 1894.

Zur katholischen Pfarrei Burgheim, in Niederbayern gelegen und von gleichem Umfange wie die politische Gemeinde Burgheim, gehört auch die Ortschaft Maria-Stein, welche aus zwei Gütleranwesen, einer großen Wallfahrtskirche und einem Wallfahrtspriesterhause besteht.

Die Pfarrkirche in Burgheim besitzt nur geringes Vermögen, dessen Renten knapp zur Bestreitung der ordentlichen Kirchenbedürfnisse hinreichen; dagegen ist bei dieser Kirche ein Zehentbaufonds vorhanden im Betrage von 20000 ℳ mit einem Zinserträgnisse von jährlich 700 ℳ.

Zum Unterhalte des Wallfahrtspriesters in Maria-Stein und zur Instandhaltung des Wallfahrtspriesterhauses sind besondere Fonds vorhanden, die Wallfahrtskirche dortselbst besitzt ein bedeutendes Vermögen mit einem Rentenüberschusse von durchschnittlich 2000 ℳ jährlich, außerdem Grundbesitz an Wald und Wiesen, zum Teil in der Nachbargemeinde Oberdorf gelegen.

Das Vermögen dieser Wallfahrtskirche wird von der Kirchenverwaltung Burgheim verwaltet, welche herkömmlich zu ihren Sitzungen den Wallfahrtspriester einladet, so oft den Wallfahrtskirchenfonds betreffende Beratungsgegenstände vorliegen.

Burgheim gehört zur Diözese R, Oberdorf zur Diözese P, beide politische Gemeinden liegen im Bezirksamte N. — Da die Pfarrkirche in Burgheim verschiedener größerer Reparaturen bedarf, beschließt die Kirchenverwaltung Burgheim folgende Ausgaben:

1. Zur Erneuerung des Daches der Pfarrkirche	2100 ℳ.
2. Setzung eines neuen Blitzableiters	100 ℳ.
3. Reparatur eines Seitenaltars	200 ℳ.
4. Reparatur der Beichtstühle	300 ℳ.
5. Anschaffung einer neuen Turmuhr	150 ℳ.
6. Vergütung für den Kirchenpfleger wegen besonderer Mühewaltung bei diesen Arbeiten .	50 ℳ.
	2900 ℳ.

Die Deckung des Gesamtkostenbetrages von 2900 ℳ. soll in folgender Weise geschehen:

a) aus Erübrigungen an den Renten der Pfarrkirchenstiftung, welche im vorigen Jahre durch größte Sparsamkeit erzielt wurden	100 ℳ.
b) aus dem Zehentbaufonds	
α. Erübrigungen aus dem Vorjahre .	200 ℳ.
β. Renten dieses Fonds für das laufende Jahr	700 ℳ.
c) aus den Rentenüberschüssen der Wallfahrtskirche Maria-Stein	1000 ℳ.
d) aus dem Erlöse für eine der Wallfahrtskirche Maria-Stein gehörige, in der Gemeinde Oberdorf gelegene isolierte Wald-	

parzelle „am Buck“ um das von einem
Händler gestellte Angebot zu . . . . 900 ℳ.
2900 ℳ.

Bei der Beratung hatte der Wallfahrtspriester bemerkt, er habe zwar aus älteren Urkunden ersehen, daß schon öfter die Wallfahrtskirche für die Pfarrkirche Konkurrenzen geleistet habe, es scheine ihm aber doch zweifelhaft, ob die 1) Kirchenverwaltung in ihrer jetzigen Zusammensetzung befugt sei, die Wallfahrtskirche mit so großen Beträgen beizuziehen und 2) sogar Immobilien der Maria-Stein-Kirche zu veräußern; 3) auch scheine ein besonderes Honorar für den Pfleger, der ja von allen verwalteten Kirchenstiftungen die üblichen Prozente genieße, nicht gerechtfertigt.

Hierauf wies der Pfleger aus älteren Rechnungen nach, daß schon vor 14 Jahren anstandslos eine in der Gemeinde Burgheim gelegene, der Kirche Maria-Stein gehörige Wiese von der Pfarrkirchenverwaltung Burgheim verkauft und der Erlös für Reparaturen in der Pfarrkirche verwendet worden sei und erklärte, er wisse bestimmt, daß die Kirchengemeinde alle diese Bauausgaben nur dann wolle, wenn für dieselben Umlagen nicht erhoben werden müßten.

Der Pfarrer von Burgheim als Vorstand der Kirchenverwaltung bemerkte 1) das Honorar für den Pfleger rechtfertige sich durch die außerordentliche Mühewaltung, übrigens müsse er auch darauf hinweisen, 2) daß der Wallfahrtspriester zwar herkömmlich zu den Sitzungen eingeladen werde, daß ihm aber ein Stimmrecht gar nicht zustehe, da er lediglich als Auskunftsperson gelten könne.

Es wurde nun in allen Punkten auf den Bestimmungen a—d beharrt und der Kirchenverwaltungsbeschluß dem Bezirksamte N. vorgelegt.

Aufgabe: Es ist der Bescheid des Bezirksamts zu entwerfen und unter Anführung der gesetzlichen und verordnungsmäßigen Bestimmungen zu motivieren.

Probe-Aufgabe
aus dem protestantischen Kirchenrechte 1894.

In der ausgedehnten protestantischen Pfarrei A mit einer räumlich durchaus unzureichenden Kirche ist infolge starken Anwachsens der protestantischen Bevölkerung ein kirchlicher Notstand eingetreten. Es wurde daher die Dismembration dieser Pfarrei und die Neubildung einer das Gebiet der politischen Gemeinde B umfassenden Pfarrei B ins Auge gefaßt.

Die hierüber gepflogenen Verhandlungen haben zu nachstehendem Ergebnisse geführt:

I. Auf ein Gesuch des protestantischen Kirchenbauvereins B, a. V., der bisher die Interessen und Wünsche der dortigen Protestanten vertrat, wurde zur Besoldung eines Pfarrers in dem finanzgesetzlich genehmigten Budget ein Staatsbeitrag von jährlich 1800 ℳ zur Verfügung gestellt.

Die Verpflichtung zur Erbauung eines Pfarrhauses, für welches ein Bauplatz bereits unentgeltlich überlassen ist, hat der Kirchenbauverein B übernommen. Vorerst ist eine, ausreichende Räumlichkeiten bietende Wohnung durch ein Mitglied des Kirchenbauvereines unentgeltlich zur Verfügung gestellt.

Als weitere Einnahmsquelle des künftigen Pfarrers sind die Kasualgebühren in Aussicht genommen, welche aus dem von der Pfarrei A abzutrennenden Gebietsteile anfallen.

II. Zur Pfarrkirche für die neue Parochie B ist eine, im Bau ihrer Vollendung entgegengehende Kirche dortselbst bestimmt. Für die nächste Zeit steht das bisherige Bethaus zur Verfügung. Die Baukosten für die neue Kirche werden vom Kirchenbauverein B aufgebracht. Bezüglich der künftigen baulichen Unterhaltung ist eine Bestimmung nicht getroffen.

III. Den Kantor- und Organistendienst und zwar vorerst ohne Gehalt gegen den Bezug der Stolgebühren bei Kasualien zu übernehmen, hat sich ein in B angestellter Lehrer mit schulaufsichtlicher Genehmigung bereit erklärt. Zur Besoldung des Meßners sollen die anfallenden Stolgebühren im durchschnittlichen Anschlage von 400 M und die freiwilligen Geschenke dienen. Einen etwaigen weiteren Bedarf soll die zu bildende Kirchengemeinde B aufbringen.

IV. Die Kirchenverwaltung A verwahrt sich gegen eine Teilung des Kirchenvermögens von A, da, abgesehen von der Frage, ob dieses Kirchenvermögen Eigentum der Kirchengemeinde oder Eigentum der Pfarrkirche als einer besonderen mit rechtlicher Persönlichkeit ausgestatteten Stiftung ist, einem allenfallsigen Anspruche auf Teilung entgegengehalten werden müsse, daß durch die Dismembration keineswegs an Stelle der gegenwärtigen Kirchengemeinde A zwei neue Gemeinden treten, daß vielmehr die dermalige Gemeinde wenn auch in verkleinertem äußern Umfang mit ihrem Eigentum fortbestehe, an welchem den durch die Abtrennung ausscheidenden Mitgliedern ein Anspruch nicht mehr zukommt. Ein Protest gegen diese Aeußerung der Kirchenverwaltung A liegt nicht vor.

V. Auf der Kirchenstiftung A ruht eine hauptsächlich für die Erweiterung des Kirchhofes erwachsene gegen 70000 M betragende Schuld. Zur Abschneidung von Schwierigkeiten soll die neue Parochie B bis zu der auf das Jahr 1910 sich erstreckenden, in erster Linie mit den anfallenden Grabgebühren zu bewirkenden Tilgung jener Schulden im Sepulturverband mit der Kirchengemeinde A verbleiben. Hiemit haben sich die Beteiligten einverstanden erklärt, nur hat der dermalige Pfarrer von A unter Berufung auf das Parochialrecht Protest gegen die Zulassung des künftigen Pfarrers von B zu Parochialhandlungen auf dem Kirchhofe von A erhoben.

VI. Zur Deckung der Kosten für die Abhaltung der Gottesdienste ꝛc. in der Pfarrei B ist die Bildung einer Kirchenkasse in Aussicht genommen, welcher zunächst die Klingelsackeinlagen, dann die bei Kasualien an die erwähnte Kasse zu entrichtenden Gebühren und sonstigen Zuwendungen zufallen. Bei Unzulänglichkeit der Mittel soll die Kirchengemeinde mit Umlagen eintreten.

VII. Bei Ernennung des dermaligen Pfarrers von A wurde die Dismembration dieser Pfarrei ausdrücklich vorbehalten.

Der Organist von A beansprucht nicht nur im Genusse des fassionsmäßigen aus der dortigen Kirchenstiftung ausgesetzten Bezuges zu verbleiben, sondern verlangt auch Entschädigung für den Entgang der nicht fassionsmäßigen Stolgebühren.

Einen Ersatz für Stolgebühren beansprucht auch der in widerruflicher Weise angestellte Meßner von A.

Endlich erhebt die Kirchenverwaltung A eine Entschädigungsforderung für den der Kirchenstiftung zugehenden Entgang an Kasualgebühren.

VIII. In einem nach vorausgegangener öffentlicher Bekanntmachung erfolgten Zusammentritt der in B wohnenden selbständigen Protestanten, an welchem sich der weitaus größte Teil derselben beteiligte, wurde das allseitige Einverständnis mit dem Dismembrationsprojekte erklärt. Auch liegt eine mit zahlreichen Unterschriften der Protestanten von B versehene Petition an die kirchliche Oberbehörde vor, welche sich im gleichen Sinne ausspricht.

IX. Der Kirchenbauverein B nimmt mit Rücksicht auf die von ihm und einem seiner Mitglieder gebrachten großen Opfer die Einräumung des Präsentationsrechtes auf die zu errichtende Pfarrstelle in Anspruch, eventuell will derselbe wenigstens bei dem ersten Besetzungsfall ein Vorschlagsrecht für sich eingeräumt wissen.

X. Im Uebrigen sind die vorgenannten und alle sonstigen Beteiligten mit dem Projekte einverstanden, insbesondere befürworten die kirchlichen Oberbehörden die Regelung der Angelegenheit in der beantragten Weise mit Rücksicht auf den unverkennbar vorliegenden kirchlichen Notstand.

Aufgabe: Es ist unter Begründung der einzelnen einschlagenden Punkte zu erörtern, ob unter den vorliegenden Verhältnissen zur Errichtung einer protestantischen Pfarrei in B geschritten werden kann oder nicht.

Probe-Aufgabe
aus dem Polizeirecht 1894.

Auf dem im Eigentume des A befindlichen Ökonomiegute zu N, Bezirksamts gleichen Namens, besteht eine alte Bewässerungsanlage, welche aus dem Inn gespeist wird. In einem Nebenarme dieses Flusses ist nämlich eine Schleuße mit einfacher Ziehschütze eingebaut, welche letztere im Bedarfsfalle herabgelassen wird. Das aufgestaute Wasser gelangt alsdann, soweit es nicht über die Schütze überfällt, durch den oberhalb der Schleuße abzweigenden Bewässerungskanal auf die zu bewässernden Grundstücke, von welchen es, soweit es nicht bei der Bewässerung verbraucht wird, unterhalb der an demselben Nebenarme gelegenen Kunstmühle des B zu N in den Fluß zurückfließt. Akten, Pläne und Urkunden, aus welchen die zuständige Stauhöhe für die Bewässerungsschleuße zu entnehmen wäre, sind nirgends auffindbar; doch steht fest, daß die Schleuße im Jahre 1868 ohne behördliche Bewilligung abgeändert worden ist, indem auf die Ziehschütze ein Bohlen aufgenagelt und hiedurch der Aufstau von 1,07 m auf 1,37 m über der Kupferplatte des Aichpfahles der Kunstmühle zu N erhöht worden ist, im übrigen aber eine Aenderung des Stauwerkes seit unvordenklichen Zeiten nicht stattgefunden hat. Das Maß der Wasserbenützung ist seit unvordenklicher Zeit in der Art bestimmt, daß die Bewässerung in den Monaten Mai mit August wöchentlich an einem Tage — von Samstag Früh 7 Uhr bis Sonntag Früh 7 Uhr — stattfinden darf.

Im Sommer 1893 sah sich B an mehreren Samstagen genötigt, den Betrieb seiner Kunstmühle wegen Wassermangels ruhen zu lassen. Er richtete deshalb durch seinen Rechtsanwalt an das k. Bezirksamt N den Antrag, 1) die zulässige Stauhöhe für die Bewässerungsschleuße des A dem früheren

Zustande entsprechend auf 1,07 m über seinem Aichpfahle festzusetzen, 2) dem A die Wiederherstellung des früheren Zustandes der Bewässerungsschleuße bei Meidung einer Ungehorsamsstrafe von 300 ℳ zur Pflicht zu machen, 3) demselben ferner die Setzung eines Aichpfahles bei der Bewässerungsschleuße auf dessen eigene Kosten aufzutragen und 4) ihm zugleich sämtliche Kosten des Verfahrens einschließlich der Anwaltskosten aufzuerlegen. Zur Begründung dieses Antrages wurde angeführt, daß A die Stauvorrichtung gegen den ausdrücklichen Widerspruch des B erhöht und niemals um die nachträgliche wasserpolizeiliche Genehmigung nachgesucht habe.

Hiegegen beantragte A die zulässige Stauhöhe für seine Bewässerungsschleuße auf 1,37 m über dem Aichpfahle des B festzusetzen und die Anträge des letzteren, eventuell unter Vorbehalt des Rechtsweges, abzuweisen, und zwar aus folgenden Gründen: Beim Mangel jeglicher Akten, Urkunden und Pläne sei nach Art. 14 der k. Verordnung vom 11. Jan. 1855, das Verfahren bei Aufstellung der Höhenmaße für Stauvorrichtungen und Triebwerke betr. (Reg.-Bl. S. 65), bei Festsetzung der zulässigen Stauhöhe schlechterdings der „gegenwärtige Zustand“ maßgebend; übrigens habe er die Erhöhung der Stauschleuße, wie er jederzeit durch Zeugen nachweisen könne, mit ausdrücklicher Genehmigung des B vorgenommen; der gegenwärtige Zustand bestehe daher zu Recht, und es werde ihm niemals einfallen, um nachträgliche Genehmigung desselben nachzusuchen; die Setzung eines Aichpfahles sei gemäß Art. 1 Abs. III der angeführten Verordnung nicht veranlaßt, weil B nur ein untergeordnetes Interesse daran habe; jedenfalls habe B als veranlassender Teil die sämtlichen Kosten des Verfahrens zu tragen, für welches letztere indessen gemäß Art. 19 Abs. II der mehrangeführten Verordnung Gebührenfreiheit bestehe.

In der vom k. Bezirksamte N zur Ortsbesichtigung und Sachverhandlung anberaumten und gehörig vorbereiteten Tagsfahrt erklärte der im Einverständnisse der Beteiligten aufgestellte Sachverständige, daß, soferne die nachträgliche Genehmigung der erfolgten Erhöhung der Bewässerungsschleuße in Frage kommen sollte, vom Standpunkte des öffentlichen Interesses ein Bedenken gegen die Genehmigung nicht bestehe; es sei überhaupt nur das Privatinteresse des B durch den Aufstau berührt, und auch dieses Interesse sei nur ein untergeordnetes, weil eine Störung des Kunstmühlbetriebes durch die Bewässerungsanlage nur in außerordentlich wasserarmen Jahren vorkommen könne. In gleicher Weise hatte sich auch das einvernommene K. Straßen- und Flußbauamt geäußert. Im übrigen ergab die Verhandlung nichts neues.

Aufgabe: Es ist unter Würdigung der vorliegenden thatsächlichen und der einschlägigen rechtlichen Gesichtspunkte darzulegen, wie das K. Bezirksamt N zu entscheiden hat, und welche Behörden gegebenen Falls in zweiter und dritter Instanz in der Sache zu erkennen haben.

Probe-Aufgabe
aus der Volkswirtschaftslehre und der Sozialgesetzgebung 1894.

I.

In welcher Weise wird das Kreditbedürfnis der Landwirtschaft am zweckmäßigsten befriedigt?

Empfiehlt es sich, die Aufnahme von Hypothekdarlehen für landwirtschaftliche Besitzungen durch Festsetzung einer Beleihungsgrenze einzuschränken und welche Folgen würde eine solche Einschränkung äußern?

II.

Welche Einrichtungen bestehen gegenwärtig in Deutschland, um den unverschuldet Arbeitslosen die Erlangung von Arbeit zu erleichtern und sie vor den Gefahren der Landstreicherei zu bewahren? Ist es wünschenswert, diese Einrichtungen zu verallgemeinern und durch neue Organisationen, eventuell durch welche, zu ergänzen?

I. Aufgabe
aus der Staatsfinanzwirtschaft.

Aus welchen Gründen rechtfertigt sich die Besteuerung des Zuckers und welche sind die einzelnen Systeme, nach welchen diese Besteuerung erfolgen kann?

Welchen Abgaben unterliegt nach der Gesetzgebung des Deutschen Reiches der inländische und der in das Inland eingeführte Zucker?

Inwieweit werden nach der Reichsgesetzgebung bei der Ausfuhr von Zucker Vergütungen, beziehungsweise Prämien gewährt und welche — finanz- und volkswirtschaftlichen — Gesichtspunkte sind bezüglich deren ferneren Beibehaltung, eventuell Bemessung maßgebend?

II. Aufgabe
aus der Staatsfinanzwirtschaft.

Welches sind — unter besonderer Berücksichtigung des bayerischen Staatshaushaltes — die wichtigeren Arten der privatwirtschaftlichen Staatseinkünfte?

Welche Gründe sprechen für, welche gegen den Besitz und Betrieb von landwirtschaftlichen Gütern und gewerblichen Betrieben durch den Staat?

Inwieweit ist die bayerische Staatsregierung

a) bezüglich der Erwerbung von Objekten der vorstehenden Art und von Liegenschaften überhaupt

b) bezüglich der Festsetzung und Erhebung der privatwirtschaftlichen Staatseinnahmen

von der Zustimmung des Landtages abhängig?

Praktischer Fall
aus dem Gebiete der inneren Verwaltung 1894.

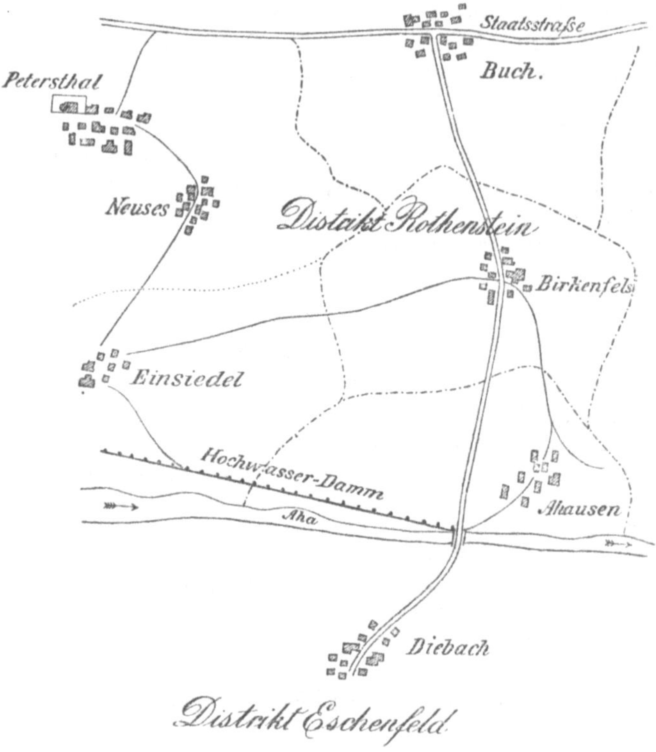

-·-·-·-·-·- bedeuten Gemeinde-,

·················· " Flurgrenzen.

Von Buch nach Diebach führt eine Distriktsstraße, die zunächst Ahausen die Aha, einen in Eigentum des Staates befindlichen Privatfluß, überschreitet.

Die Aha bildet die Grenze zwischen den Distrikten Rothenstein und Eschenfeld, beide Bezirksamtes Rothenstein.

Die heutige Distriktsstraße war im Jahre 1854 von einem s. g. Wegbaudistrikte hergestellt worden, welchem die Gemeinden Buch, Birkenfels und Diebach angehörten.*) Ahausen hatte sich mit einem größeren einmaligen Beitrage abgefunden.

Während das rechtsseitige Ufergelände der Aha ziemlich rasch ansteigt, liegt die linksseitige Straßenstrecke teilweise im Überschwemmungsgebiete des Flusses. Hieraus ergaben sich Verkehrsstörungen, die den Wegbauverband bereits im Jahre 1858 veranlaßten, die gefährdete Wegstrecke durch eine dammartige Erhöhung vor weiteren Uferflutungen sicher zu stellen. Infolgedessen mußte auch die anschließende Ahabrücke höher gelegt werden. Die Bauführungen erfolgten, ohne daß hiezu irgend eine behördliche Genehmigung erteilt oder auch nur nachgesucht worden wäre.

Als nun bereits im darauffolgenden Winter ein Hochwasser eintrat, entstand, veranlaßt durch den Straßendamm, ein Rückstau. Die Wasser konnten sich nicht mehr wie sonst unschädlich über die ganze Au verbreiten, sondern wurden auf den Fluren von Einsiedel**) und Ahausen***) zurückgehalten und richteten hier erhebliche Verwüstungen an.

*) Die Kosten der ersten Anlage, der Bauwendungen und der Unterhaltung wurden von diesen Gemeinden zufolge Vertrages nach dem Verhältnis der Gesamtsteuer aufgebracht.

**) Einsiedel war zu dieser Zeit noch eine selbständige Gemeinde. Erst mit Wirkung vom 1. Januar 1871 vereinigte sie sich mit ministerieller Genehmigung mit Neuses und Petersthal zu der politischen Gemeinde Petersthal. Dabei wurde bedungen, daß einer jeden Ortschaft das Eigentums- und Verwaltungsrecht an ihrem bisherigen Vermögen verbleiben und daß als gemeinsame Angelegenheiten nur diejenigen Verpflichtungen angesehen werden sollen, welche den politischen Gemeinden vom Gesetze zugewiesen sind.

Des Hochwasserdammes, von dem später die Rede sein wird, geschah bei diesen Verhandlungen keine Erwähnung.

***) Ahausen ist ebenso wie Buch, Birkenfels und Diebach eine eigene Gemeinde.

Folge war eine Beschwerde der beteiligten Gemeinden zum Landgerichte (Landkommissariate) Rothenstein mit der Bitte um Abstellung des sicherheitsgefährlichen Zustandes. Die Behörde nahm nun zwar Augenschein, pflog auch Verhandlung mit den Beteiligten und erholte ein technisches Gutachten, welches dahin ging, daß nur von einer Wiederherstellung der früheren Höhenlage des Weges Abhilfe zu erwarten sei; eine Verfügung in diesem Sinne erfolgte jedoch nicht; vielmehr begnügte sich die Distriktsverwaltungsbehörde damit, die Beschwerdeführer auf den Civilrechtsweg zu verweisen. Gegen diesen Bescheid riefen jene Gemeinden die Kreisregierung an. Als jedoch mehrere Monate verflossen waren, ohne daß eine Entschließung erging, ließen sich die Gemeinden Einsiedel und Ahausen mit dem Wegbauverbande in Unterhandlungen ein, deren Ergebnis unterm 10. Juni 1859 wie folgt beurkundet wurde:

1. Zur Abwehr weiterer Überschwemmungen soll in den Fluren von Einsiedel und Ahausen, anschließend an einen vorspringenden Bergrücken unterhalb Einsiedel, ein Damm von genügender Höhe und Stärke hergestellt werden;

2. die genannten Gemeinden erkennen an, zur Herstellung dieses Dammes gesetzlich verpflichtet zu sein; sie werden deshalb auch

3. das Bauwerk auf ihre Kosten herstellen und in Zukunft unterhalten, und zwar soll jede Gemeinde die Hälfte der Kosten zu bestreiten haben, entsprechend der Größe der vom Damme zu schützenden Flächen;

4. Der Wegbaudistrikt dagegen gibt zu, daß durch die Veränderungen an der Straße die Wassergefahr zum Mindesten gesteigert worden ist; derselbe vergütet daher die Hälfte der Dammbaukosten und verpflichtet sich, an die neugegründete Dammgenossenschaft Einsiedel—Ahausen alljährlich einen Zuschuß von 100 fl. zu leisten. —

Nun aber hatte bereits am 9. Juni die Kreisregierung Entschließung dahin erlassen, daß sie zwar aus den ihr vorgelegten Verhandlungen keinen genügenden Anlaß entnommen habe, die Beseitigung der neuangelegten Straßenstrecke zu verfügen, daß dagegen dem Wegbauverbande zufolge Art. 40 Abs. 2 mit Art. 10 des Wasserbenützungsgesetzes aufgegeben werde, nicht allein durch eine entsprechende Erweiterung des Brückenprofiles für einen möglichst gefahrlosen Wasserabzug zu sorgen, sondern auch zum Schutze der gefährdeten Ortsfluren einen Hochwasserdamm von entsprechenden Dimensionen herzustellen und fürderhin als eine Last des Verbandes zu unterhalten.

Das — formell nicht zu beanstandende — Übereinkommen vom 10. Juni erhielt — soweit erforderlich — die höhere Genehmigung und wurde auch der Kreisregierung unterbreitet. Dieselbe bemerkte darauf in ihrer Entschließung vom 5. Juli, daß sie zwar die dem Wegbauverbande gemachten Auflagen aufrecht erhalten müsse, nachdem die vorhandene Wassergefahr lediglich der eigenmächtigen Erhöhung des Weges zuzuschreiben sei, daß es jedoch, was den Hochwasserdamm betreffe, bei den Abmachungen vom 10. Juni bis auf Weiteres sein Bewenden haben solle.

Die Regierungsentschließungen vom 9. Juni und 5. Juli 1859, welche den beschwerdeführenden Gemeinden und den Mitgliedern des Wegbaudistriktes gleichzeitig eröffnet wurden, blieben unangefochten. Es erfolgten in Hinsicht auf die Erweiterung der Brücke und auf die Anlage des Hochwasserdammes die erforderlichen Genehmigungen, die Bauten kamen zur Ausführung und die Kosten des Dammbaues wurden nach Maßgabe der Übereinkunft vom 10. Juni aufgebracht. Desgleichen zahlte der Wegbauverband jährlich 100 fl. an die Dammgenossenschaft, die den übrigen Aufwand bestritt und zwar ohne daß die Gemeinde Petersthal nach dem 1. Januar 1871 an Stelle der nunmehrigen Ortschaft Einsiedel in Anspruch genommen worden wäre; vielmehr wurden die Jahresbeiträge von Einsiedel ausschließlich aus dem Ertrage des Ortsvermögens bestritten.

Im Jahre 1879 wurde Diebach Eisenbahnstation. Aus diesem Anlaß erwirkten die Gemeinden des Wegbauverbandes eine aufsichtliche Verfügung der Kreisregierung vom 20. Dezember dess. Jahres mit dem Inhalte:

daß die Distriktsgemeinden Rothenstein und Eschenfeld die distriktive Bedeutung des Weges Buch—Diebach anzuerkennen und sonach je die innerhalb des betreffenden Distriktes belegene Strecke vom 1. Januar 1880 an als Distriktsstraße zu übernehmen haben mit der Maßgabe, daß die Ahabrücke eine nach Art. 34 des des Gesetzes vom 28. Mai 1852 gemeinsame Last der beiden Distrikte bilde.

Dieser Bescheid wurde ordnungsmäßig zugestellt, eine Beschwerde hiegegen aber nicht erhoben.

Doch traten am 20. und bezw. 21. Januar 1880 die Distriktsräte Rothenstein und Eschenfeld je zu einer außerordentlichen Sitzung zusammen, um den Voranschlag zu ergänzen. Bei dieser Gelegenheit gab der Vorsitzende die Verhandlungen vom Jahre 1859, namentlich das Übereinkommen vom 10. Juni und die beiden Regierungsentschließungen bekannt und beantragte, die vom früheren Wegbauverbande geleisteten Beiträge fürderhin auf die Distriktskassen Rothenstein und Eschenfeld und zwar je zur Hälfte zu übernehmen. Die Versammlungen erachteten aber die früheren Vereinbarungen als für die Distriktsgemeinden unverbindlich und lehnten die ihnen angesonnenen Beiträge ein für allemal ab. Auch die Kreisregierung ging in ihrer Entschließung vom 20. Februar von der Auffassung aus, daß es sich hier um fakultative Zuwendungen handle und daß daher die distriktsrätlichen Beschlüsse in dieser Richtung nicht zu beanstanden seien.

In der Folge richtete sich die Ortschaft Einsiedel auf der Dammkrone einen Schul-, Kirchen- und Leichenweg nach Ahausen ein, um den Umweg über Birkenfels abzuschneiden.

So standen die Dinge, als im Frühjahr 1892 ein außerordentliches Hochwasser den genossenschaftlichen Uferdamm zerstörte und auch die Straße beschädigte. Die schleunigste Wiederherstellung des Dammes war geboten.

Das Bezirksamt erließ daher an die Ortschaft Einsiedel Verfügung dahin, daß sie als nächstbeteiligt den Damm sofort neu anzulegen habe, eine Verfügung, welche die Kreisregierung infolge Beschwerde dahin abänderte, daß die Gemeinde Petersthal — selbstverständlich vorbehaltlich aller Ersatzansprüche — den Damm neu anzulegen habe. Gleichzeitig wurde das Bezirksamt beauftragt, unbeschadet der Würdigung der Zuständigkeitsfrage instanziellen Beschluß zu fassen.

Demnächst wurde der Damm dieser Anordnung entsprechend und zwar mit einem Kostenaufwand von 4200 ℳ wieder hergestellt. Das Bezirksamt aber trat in die Verhandlung der Streitsache ein.

Vor allem wurden der Ortsausschuß Einsiedel und die Gemeindeverwaltung Ahausen einvernommen. Dieselben erklärten in gleichlautenden Beschlüssen, daß nicht die bisher bestandene Genossenschaft, sondern der Distrikt Rothenstein dammbaupflichtig sei, wie sich aus der ihnen erst kürzlich zur Kenntnis gekommenen Regierungsentschließung vom 9. Juni 1859 ergebe. Abgesehen hievon gehe die Verpflichtung dieses Distriktes auch aus Art. 6 des Uferschutzgesetzes hervor, da ohne den Hochwasserdamm auch die Distriktsstraße gefährdet sei.

Müsse aber der Distrikt Rothenstein zur künftigen Unterhaltung des Hochwasserdammes verhalten werden, so erhelle auch aus jener Regierungsentschließung, daß Ahausen und Einsiedel alle ihre Aufwendungen für den Damm irrtümlich geleistet hätten, weshalb sie Ersatz beanspruchen müßten und zwar zunächst von Seite der Distriktskasse Rothenstein oder von den Gemeinden des früheren Wegbaudistriktes, oder aber — was den Anteil von Einsiedel betrifft — von der Gemeinde Petersthal, welche vom Jahre 1871 an dammbaupflichtig wäre, soferne nicht der Distrikt Rothenstein einzutreten hätte.

Dabei wurden die Jahresrechnungen vorgelegt, welche ersehen lassen, daß sich die Gesamtkosten der ersten Dammanlage auf 3500 fl. beliefen, und daß die Genossenschaft an Unterhaltungskosten bis zum Jahre 1870 3800 ℳ, in den Jahren 1871—1879 3100 ℳ und in der Folgezeit 5000 ℳ verausgabt hat, die Beiträge eingerechnet, die aus der Kasse des Wegbauverbandes flossen.

Von Seite der Gemeindeverwaltungen Buch, Birkenfels und Diebach wurde jegliche Verbindlichkeit bestritten, 1) weil mit Auflösung des Verbandes alle Verbindlichkeiten erloschen seien, die für dessen Mitglieder früher bestanden haben mochten. 2) Außerdem sei auch die Entschließung vom 9. Juni 1859 längst verjährt und damit auch alle Ansprüche, die daraus etwa abgeleitet werden könnten.

Die Gemeinde Petersthal lehnte ihrerseits die Pflicht zur Herstellung und Unterhaltung des Dammes, dann zur Schadloshaltung der Ortschaft Einsiedel mit dem Vorbringen ab, 1) daß die Unterhaltung von Dämmen weder durch die Gemeindeordnung noch durch ein sonstiges Gesetz den politischen Gemeinden auferlegt sei; vielmehr handle es sich hier um Ausgaben im Sinne des Art. 55 der rrhein. (Art. 40 der pfälz.) Gem.-Ordn. 2) Die politische Gemeinde Petersthal umfasse 3 Ortschaften, von denen nur Einsiedel an dem Damme ein Interesse habe, weßhalb auch nur diese Ortschaft als bau- und unterhaltungspflichtig erachtet werden könne, wie dieselbe denn auch bisher ihrer Verbindlichkeit im Vereine mit Ahausen selbständig nachgekommen sei.

Sollte aber trotz alledem die politische Gemeinde Petersthal als pflichtig erkannt werden, so könne sie nur in den dritten Teil der Baulast verurteilt werden, da sie nur in diesem Verhältnis an der Länge des Dammes beteiligt sei, während zwei Drittteile im Gemeindebezirke Ahausen lägen.

Schließlich bittet die Gemeinde, sie von jeglicher Leistungspflicht freizusprechen und in Bezug auf die Kosten des von ihr auftragsgemäß ausgeführten Dammbaues den Ersatzpflichtigen beschlußmäßig festzustellen.

Der Distriktsausschuß Rothenstein brachte folgendes vor:

Zunächst werde die Zuständigkeit der Verwaltung im Allgemeinen bestritten. Weder durch die Regierungsentschließungen vom 9. Juni und 5. Juli 1859 noch durch das Uebereinkommen vom 10. Juni dess. Jrs. würden öffentlich-rechtliche Verhältnisse begründet oder betroffen. Im Ganzen handle es sich lediglich um die Wahrung privatrechtlicher Interessen und zwar nicht sowohl von Einsiedel und Ahausen als Ortschaften und bezw. Gemeinden als vielmehr der im Überschwemmungsgebiete begüterten Grundeigentümer. Der Wegbauverband habe, indem er seine Straße erhöhte, lediglich von dem Rechte als Grundeigentümer Gebrauch gemacht. Würden durch die Anlage Dritte geschädigt, so seien die bürgerlichen Gerichte in Anspruch zu nehmen — die Klage könne aber nur gegen die Mitglieder des früheren Wegbauverbandes, keineswegs aber gegen einen Distrikt gerichtet werden; denn ein Rechtsübergang finde nicht statt.

Aber selbst wenn die Verwaltung zuständig wäre, sei zur Entscheidung nicht das Bezirksamt, sondern gemäß Art. 23 des Gesetzes über die Distriktsräte die Kreisregierung berufen, der es allein zukomme, Distriktsgemeinden Lasten aufzuerlegen. Dabei wolle es der Distriktsausschuß der höheren Erwägung anheimstellen, ob die Angelegenheit nicht schon durch den Regierungsbescheid vom 20. Februar 1880 in einer für die beteiligten Distrikte günstigen Weise endgiltig erledigt sei.

Die Last aber, um die es sich hier handle, müsse vorweg als eine gesetzlich unbegründete bezeichnet werden; denn es sei weder in Art. 27 des Gesetzes die Herstellung und Unterhaltung von Dämmen als eine Distriktslast erklärt, noch treffe die Entschließung vom 20. Dezbr. 1879 in Hinsicht auf den Hochwasserdamm irgend eine Bestimmung. Dieser bilde, sobald er vom Distrikte übernommen sei, eine Distrikts*anstalt*. Die Übernahme von Distriktsanstalten aber könne einem Distrikte weder von Aufsichtswegen noch durch verwaltungsrichterliches Urteil auferlegt werden, sondern setze zufolge Art. 29 Abs. 1 die Zustimmung des Distriktsrates voraus.

Übrigens sei in der Sache auch der Distrikt Eschenfeld beteiligt; denn wenn überhaupt eine Rechtsnachfolge bestehe, so müßten die beiden Distrikte als Rechtsnachfolger des Wegbauverbandes anerkannt und es müßte dann folgerichtig der Distrikt Eschenfeld in die Hälfte der Baulast verurteilt werden. Dies ergebe sich auch aus der Entschließung vom 20. Dezember 1879, wo die Ahabrücke als eine gemeinsame Last erklärt und damit zum Ausdruck gebracht sei, daß alle Aufwendungen, die durch den Wasserlauf veranlaßt werden, die beiden Distrikte gleichmäßig belasten sollten, soferne überhaupt eine distriktive Leistungspflicht anzuerkennen sei.

Die Distrikte Rothenstein und Eschenfeld seien nun aber bei den Abmachungen vom 10. Juni 1859 durchaus unbeteiligt. Ihrerseits sei die Distriktsstraße Buch—Diebach lastenfrei übernommen worden. Namentlich müsse die Annahme einer an der Straße haftenden öffentlichen Dienstbarkeit zurückgewiesen werden. Auch sei die Entschließung vom 9. Juni 1859 ausdrücklich nur gegen den Wegbauverband gerichtet und es könne nicht zugegeben werden, daß die hieraus abzuleitenden Verbindlichkeiten mit der Auflösung des Verbandes erloschen seien.

Nur nebenbei wolle darauf hingewiesen werden, daß Einsiedel und Ahausen bei ihrem Dammbau nur im eigensten Interesse gehandelt hätten, da derselbe zum Schutze ihrer Fluren diene. Allerdings gereiche der Damm auch zur Sicherstellung der Distriktsstraße; aber der Distrikt genieße eben die Vorteile der Einrichtung wie jeder andere Grundbesitzer. Würde aber die Beitragspflicht nach dem Maße des Interesses abzustufen sein, so treffe die beiden Distrikte nur ein Vierteil, auf welche Quote das Interesse dieser Körperschaften laut bautechnischen Gutachtens zu veranschlagen sei.

Endlich machte der Distriktsausschuß Rothenstein geltend, daß die Ortschaft Einsiedel auf dem Damme einen Weg angelegt habe, so daß allerdings dieser Ortschaft gegenüber Art. 6 des Uferschutzgesetzes in Betracht kommen könne.

Der Distriktsausschuß Eschenfeld erachtet sich bei dem Streite für vollkommen unbeteiligt; denn der Damm liege auf Rothensteiner Seite und habe mit der Ahabrücke und der rechtsseitigen Straßenecke durchaus keinen Zusammenhang. Im äußersten Falle könnten die Distrikte nur zur Fortleistung der s. Z. zwischen dem Wegbauverbande und der Dammgenossenschaft vereinbarten Pauschalsumme von jährlich 100 fl. verurteilt werden, und hievon treffe den Distrikt Eschenfeld im Verhältnis der denselben überwiesenen Straßenstrecke nur ein Drittel. —

Allen diesen Erinnerungen gegenüber bestanden der Ortsausschuß Einsiedel und die Gemeindeverwaltungen Petersthal und Ahausen auf ihren Ansprüchen und Anträgen. Dabei nahm die letztere gegenüber dem Vorbringen der Gemeinde Petersthal Bezug auf Ziff. 3 des Übereinkommens vom 10. Juni 1859 mit dem Beifügen, daß auch im Sinne des Gesetzes das Beitragsverhältnis nach den Vorteilen zu bemessen sei, welche sich für die Beteiligten aus dem Unternehmen ergeben. —

Schließlich erholte das Bezirksamt ein bauamtliches Gutachten, durch welches festgestellt wurde,

1. daß in der Flur Einsiedel 100 ha und in der Markung Ahausen 105 ha durch den Uferdamm vor Überschwemmung geschützt werden,

2. daß die Länge des Dammes in der Markung Petersthal 800 m und im Gemeindebezirke Ahausen 1600 m beträgt;

3. daß der Rückstau des andringenden Hochwassers einzig und allein dem Straßendamme zuzuschreiben ist; daß sich endlich

4. die Angabe des Distriktsausschusses Rothenstein in Bezug auf das Maß der Beteiligung der Distriktsstraße an dem durch den Uferdamm gewährten Schutze in voller Richtigkeit verhält. —

Nunmehr schritt das Bezirksamt zur Beschlußfassung.

Aufgabe

ist, den Beschluß in vorschriftsmäßiger Weise zu entwerfen.

Sollten zivilrechtliche Grundsätze in Anwendung zu kommen haben, so werden die Kandidaten in den rechtsrheinischen Kreisen auf das Gemeine Recht, jene der Pfalz auf den code civil verwiesen.

Die Ausarbeitung eines Sachverhaltes ist erlassen; als solcher gilt die obige Darstellung.

Dagegen ist die Entscheidung eingehend zu begründen.

Spezielle Aufgaben

für die

Rechtspraktikanten

in der

Pfalz.

1894.

Probeaufgabe

aus dem Pfälzischen bürgerlichen Rechte.

Hinter dem Anwesen des Winzers Jakob Decker in Burrweiler und zwar der Länge nach anstoßend an dessen Hintergebäude befindet sich ein nur wenige Schritte breiter Streifen Landes, an welchen auf der anderen Seite gleichfalls der Länge nach ein Wingert des Winzers Peter Kraft angrenzt, welcher seit einer Reihe von Jahren abwesend war und dieses sein Rebstück von einer dritten Person bebauen ließ. Jener schmale Streifen Landes, gegen den Wingert des Kraft durch Grenzstein nicht abgegrenzt, lag seit vielen Jahren öde und unbebaut da.

Im Jahre 1880 pflanzte Decker, welcher zur Annahme gelangt war, Eigentümer des besagten Streifen Landes zu sein, wenn ihm auch hiefür seine Erwerbstitel keinen bestimmten, verläßigen Aufschluß boten, auf demselben auf seine Kosten fünf Obstbäume, die er alljährlich ausputzte, von den Raupen säuberte und von denen er auch das Obst entweder selbst einerntete oder an Obsthändler verkaufte. Auch erstattete er im Laufe der späteren Jahre mehrmals strafrechtliche Anzeige wegen verschiedener Obstfrevel, die an den ihm angeblich angehörigen Obstbäumen verübt wurden. Im übrigen blieb das Land selbst, auf dem die Bäume standen, öde und unbenützt liegen.

Die offene, ungestörte und ununterbrochene Benützung der fünf Bäume, die Decker in jeder Beziehung als sein Eigentum ansah und behandelte, dauerte unbestrittenermaßen fort bis zum Herbste des Jahres 1894.

Im Spätherbst 1894, nachdem Decker noch vorher das Obst geerntet hatte, kehrte Kraft in seine Heimatgemeinde Burrweiler zurück und ließ sofort, da er den Grund und Boden, auf dem die Bäume standen, als sein Eigentum in Anspruch nahm, obgleich er jeden Erwerbstitel hiefür entbehrte, die Obstbäume umhauen, das Holz an sich nehmend.

Decker, welcher — abgesehen von den Bäumen — besondere Besitzhandlungen an der fraglichen Grundfläche nicht ausgeübt hatte und deshalb die Anstellung einer Klage in Bezug auf diese Grundfläche selbst nicht wagen wollte, erhob am 31. Oktober 1894 eine Klage gegen Kraft bei dem Kgl. Amtsgerichte Edenkoben, worin er unter der Aufstellung, sich seit dem Jahre 1880 und bis zur eingetretenen Störung in dem ruhigen, ungestörten und ununterbrochenen Eigentumsbesitze der fünf Obstbäume befunden zu haben, beantragte, das Gericht möge erkennen, daß er bis zu der erlittenen Störung in dem ruhigen Annalbesitz der Bäume sich befunden habe und zugleich den Beklagten verurteilen, an ihn als Ersatz des durch die Besitzstörung erlittenen Schadens eine Entschädigungssumme von zweihundert Mark mit Zinsen vom Tage der Klage zu bezahlen. Einen Antrag auf Wiederherstellung des früheren Zustandes, auf Schutz im Besitz durch Verbot jeder weiteren Störung und auf Herausgabe des durch die Fällung der Bäume gewonnenen Holzes enthielt die Klage nicht.

Der Beklagte, die Zuständigkeit des Amtsgerichts nicht bestreitend, setzte der Klage entgegen:

1. der angestellten Klage fehle der rechtliche Charakter einer Besitzklage, da sie die Wiederherstellung des früheren Zustandes sowie den Schutz im künftigen Besitze nicht zum Gegenstande habe; sie sei im Grunde lediglich eine Entschädigungsklage, zu deren Begründung vor allem der Nachweis erforderlich sei, daß Kläger Eigentümer des Streifen Landes und somit auch der darauf befindlichen Bäume wäre, welchen Nachweis dieser aber selbst nicht für sich anrufen könne.

2. Bäume seien wesentliche Bestandteile des Grund und Bodens, auf dem sie stehen und seien als solche dem rechtlichen Schicksale des letzteren unterworfen. Sowie daher ein von dem Eigentumsbesitze der Grundfläche losgelöster und unabhängiger Eigentumsbesitz an den darauf stehenden Bäumen während der Dauer des Bestandteilsverhältnisses rechtlich nicht bestehen könne und folgeweise auch eine selbständige Ersitzung nicht möglich sei, so könnten solche nicht selbständige Gegenstände einer Besitzklage sein.

3. Eventuell stelle er der Schadensersatzforderung des Klägers, deren Höhe er subsidiarisch nicht bestreite, für den Betrag von 100 Mark die Einrede der Kompensation entgegen, indem ihm gegen den letzteren auf Grund eines älteren Darlehens eine Gegenforderung von 100 Mark zustehe, zu deren Begründung er einen Schuldschein dem Gerichte vorlegte.

Der Kläger bestritt die Einwände des Beklagten. Zu Ziffer 3 machte er, die Existenz der Gegenforderung anerkennend, geltend, daß die beklagtische Kompensationseinrede ihm, als einem Spoliatus, gegenüber unzulässig sei.

Wie ist zu entscheiden? Die auch auf den Kostenpunkt zu erstreckende Entscheidung ist unter Anführung der einschlägigen Gesetzesstellen und unter Würdigung des Vorbringens der Parteien gehörig zu begründen.

Praktischer Fall
aus dem Justizfache.

Aus nachstehenden Prozedurakten und nach Maßgabe der darin niedergelegten Bemerkungen ist ein landgerichtliches Urteil in der Form einer Ausfertigung mit allen vom Gesetze vorgeschriebenen inneren und äußeren Erfordernissen, sowie mit einer dem Gesetze entsprechenden Entscheidung abzufassen.

Zur Zivilkammer
des kgl. Landgerichts
Frankenthal.

Klageschrift

für

Karl Spies, Geschäftsmann, in Frankenthal wohnhaft, Kläger, durch Rechtsanwalt Krug vertreten,

gegen

Peter Abel, Ackerer, in Roxheim wohnhaft, Beklagten, wegen Auflösung eines Kaufvertrags.

Wert des Streitgegenstandes 5000 ℳ.

Laut einer vor Notar Becker in Frankenthal am 1. Juli 1893 errichteten Urkunde verkaufte der Ackerer Jakob Süß in Bobenheim an den obengenannten Peter Abel nachbeschriebene, im Banne von Bobenheim gelegene Liegenschaften um einen Gesamtpreis von 5000 ℳ, welcher vom 1. Juli 1893 an zu Fünf vom Hundert verzinslich und in fünf gleichen Raten von je 1000 ℳ am 1. Juli 1894 und an den Martinitagen der vier folgenden Jahre zahlbar sein sollte. Überdies enthielt die Urkunde die Bestimmung, daß der Schuldner, falls er einen der bedungenen Termine nicht einhalte und auch binnen einer Woche nach Zustellung einer Aufforderung die geschuldete Zahlung an Kapital und Zinsen nicht oder nicht vollständig leiste, der bewilligten Termine verlustig und die Verkäufer berechtigt sein solle, nach seiner freien Wahl entweder die Kaufspreisschuld ihrem ganzen noch übrigen Betrage nach einzufordern, oder die Auflösung des Kaufvertrages zu begehren.

Kläger Spies hat durch Zessionsvertrag, errichtet vor dem nämlichen Notare am 1. September 1893 die vorbezeichnete Forderung nebst dem Zinsanspruche käuflich von Jakob Süß erworben und im Vertrage ausdrücklich sich ausbedungen, daß mit der Forderung alle Rechte und Klagen, so wie solche auf Grund des Kaufvertrages dem Verkäufer gegen seinen Schuldner, den Käufer, zustünden, ohne jegliche Ausnahme gleichfalls auf ihn, den Zessionar, übergehen. Von der geschehenen Zession ist der abgetretene Schuldner durch Zustellung einer beglaubigten Abschrift der Zessionsurkunde am 15. September darauf in aller Form rechtens benachrichtigt worden. Derselbe war hienach verpflichtet, am 1. Juli 1894 die erste Kapitalrate mit 1000 ℳ und den Jahreszins aus 5000 ℳ im Betrage von 250 ℳ an den Zessionar zu entrichten. Beklagter hat aber am bezeichneten Verfalltage nur eine Zinszahlung von 182 ℳ 50 ₰ angeboten, die Kapitalzahlung ganz beiseite gelassen und auch der am 3. Juli 1894 ihm zugestellten Aufforderung, die geschuldete Vollzahlung von 1250 ℳ zu leisten, eine weitere Folge nicht gegeben. Zessionar Spies ließ ihm deshalb nach Umlauf der in der Kaufurkunde vorgesehenen Wochenfrist am 12. Juli 1894 die weitere Erklärung zustellen, daß infolge seiner Zahlungssäumnis nach Maßgabe der Bestimmungen in der Kaufurkunde vom 1. Juli 1893 die Fälligkeit der ganzen Schuld ein-eingetreten und deshalb zur Vermeidung einer Auflösung des Kaufvertrages der ganze Betrag der Kaufpreisschuld nunmehr zu bezahlen sei. Da der abgetretene Schuldner auch seither in seiner Säumnis beharrte, ist der Zessionar genötigt, im Wege der Klage vorzugehen.

Wie derselbe in Erfahrung brachte, sind die Vermögensverhältnisse des Beklagten überhaupt nicht dazu angethan, daß eine baldige Erfüllung des Zahlungsanspruchs sich gewärtigen ließe.

Es wird deshalb davon abgesehen, Klage auf Zahlung zu erheben, vielmehr von dem Rechte Gebrauch gemacht, gegen den Schuldner, welcher seine Vertragspflicht nicht erfüllt hat, die Auflösung des Kaufvertrages zu erwirken.

Beklagter wird hienach zur mündlichen Verhandlung über die Klage vor die Zivilkammer des kgl. Landgerichtes in Frankenthal zu dem unten von dem Vorsitzenden dieser Kammer anberaumten Termine vorgeladen und zugleich aufgefordert, einen bei dem bezeichneten Gerichte zugelassenen Rechtsanwalt als Prozeßbevollmächtigten zu bestellen.

Für den Kläger wird der Antrag gestellt: Es gefalle der Zivilkammer des kgl. Landgerichts Frankenthal, den zwischen dem Beklagten und Jakob Süß von Bobenheim am 1. Juli 1893 vor dem kgl. Notar Becker in Frankenthal geschlossenen Kaufvertrag für aufgelöst zu erklären,

den Beklagten zu verurteilen, die nachbeschriebenen Liegenschaften, frei von allen Lasten, welche er etwa darauf gelegt hat, an den Kläger herauszugeben,

dem Beklagten auch die Kosten des Prozesses zur Last zu legen.

Beschreibung der Liegenschaften:

Plannummer 608—612, 120 ar Ackerland, beisammengelegen in der Abteilung Galgenfeld im Banne von Bobenheim.

Frankenthal, den 15. September 1894.

Der Prozeßbevollmächtigte des Klägers:

Krug,
Rechtsanwalt.

Dem Vorsitzenden der Zivilkammer des kgl. Landgerichts Frankenthal wird vorstehende Klageschrift vorgelegt mit der Bitte um Bestimmung des Termines zur mündlichen Verhandlung.

Frankenthal, den 15. September 1894.

Der Prozeßbevollmächtigte des Klägers:

Krug,
Rechtsanwalt.

Zur mündlichen Verhandlung über vorstehende Klage wird die Sitzung der Zivilkammer des kgl. Landgerichts Frankenthal vom 6. Dezember 1894, Vormittags 9 Uhr, bestimmt.

Frankenthal, den 16. September 1894.

Der Vorsitzende der Zivilkammer:
gez.: Sorg, kgl. Landgerichtspräsident.

Bemerkung: Laut Aktes des Gerichtsvollziehers Berger in Frankenthal vom 17. September 1894 und der Postzustellungsurkunde vom Tage darauf ist die Klageschrift in gehöriger Weise zugestellt worden.

Klagebeantwortung

für

Peter Abel, Ackerer, in Roxheim wohnhaft, Beklagter, durch Rechtsanwalt Schlindwein vertreten,

gegen

Karl Spies, Geschäftsmann, in Frankenthal wohnhaft, Kläger, durch Rechtsanwalt Krug vertreten.

Die erhobene Klage ist nicht begründet.

Kläger hat mittelst des Zessionsvertrags die Kaufpreisforderung erworben und mit dieser selbstverständlich alle Rechte und Klagen, welche der Sicherung und Verwirklichung dieser Forderung dienen. Vermöge des Resolutionsrechtes und der rückwirkenden Kraft desselben werden aber der Kaufvertrag und der Zessionsvertrag beseitigt, als wären sie niemals geschlossen worden, und kehrt das Eigentum der Liegenschaften an denjenigen zurück, bei welchem es vor Abschluß des Kaufvertrags beruhte.

Es wird deshalb bestritten, daß dem Kläger als Käufer der Forderung und der auf diese sich beziehenden Rechte, die Befugnis zustehen kann, das Resolutionsrecht auszuüben, und mittelst dessen das Eigentum der Liegenschaften an sich zu ziehen.

Abgesehen von der hiemit erhobenen Bestreitung der Aktivlegitimation des Klägers wird geltend gemacht, daß ein Grund zur Auflösung des Kaufvertrages nicht vorliegt.

Beklagter hatte allerdings am 1. Juli 1894 nur eine Zinszahlung im Betrage von 182 ℳ 50 ₰ dem Zessionare bar angeboten und nach erfolgter Weigerung der Annahme gesetzlicher Vorschrift entsprechend hinterlegt.

Ein größerer Betrag war aber auch am 1. Juli 1894 nicht geschuldet, da Beklagter die erste Kapitalrate von 1000 ℳ und den bis zum 1. Oktober 1893 erwachsenen Zins aus 5000 ℳ mit 62 ℳ 50 ₰ bereits an dem letztbezeichneten Tage auf dem Wege der Wettschlagung getilgt hatte.

Hiemit hat es folgende Bewandtnis: Beklagter, welcher früher auch Weinbau betrieb, denselben aber als zu kostspielig und wenig lohnend wieder aufgab, war im Sommer 1893 wegen Verkaufs seiner Keller mit Zubehören, sowie seines Lagers an Wein und Fässern zuerst mit einem Wirte in Worms in Unterhandlung getreten und sodann auch mit dem Jakob Süß, welcher gelegentlich der Akterrichtung vor Notar Becker in Frankenthal vom 1. Juli 1893 sich gleichfalls als Kaufliebhaber zu erkennen gab. Schon als derselbe am 15. Juli 1893 zur Besichtigung der Gegenstände bei dem Beklagten sich einfand, stellte derselbe Preisgebote, welche der Beklagte für annehmbar hielt und nur deshalb noch nicht annehmen konnte, weil er sich für verpflichtet hielt, dem Wirte in Worms das Vorkaufsrecht zu belassen, falls dieser zu gleich hohen Geboten sich herbeilassen würde. Hiedurch wurde der Abschluß mit Süß verzögert bis zum 1. Oktober 1893, an welchem Tage der Beklagte demselben den Kauf um den berechneten Gesamtpreis von 1062 ℳ 50 ₰ zusagte und letzterer die Kaufgegenstände in seine Wohnung nach Bobenheim verbringen ließ.

Durch diese Verzögerung war es allerdings gekommen, daß Beklagter die bezeichnete Preisforderung an den Jakob

Süß erst erwarb, als dieser seine Immobiliarkaufpreisforderung an den Beklagten dem Kläger bereits abgetreten und letzterer die geschehene Zession dem Beklagten bereits kund gegeben hatte. Dem unerachtet war aber ein Hindernis für die Vornahme der Wettschlagung nicht vorhanden.

Beklagter nahm ein dringendes Interesse daran, seine zu fünf Prozent verzinsliche Immobiliarkaufpreisschuld der Zinsenersparnis wegen so rasch zu tilgen, als seine Verhältnisse solches ihm möglich machten. Da nun der erste Termin dieser Schuld erst am 1. Juli 1894 fällig wurde, Beklagter aber erwarten durfte, den Mobiliarverkauf viel früher zum Abschluß zu bringen, so war er schon im Laufe der am 15. Juli 1893 mit Jakob Süß gepflogenen Kaufunterhandlung darauf bedacht gewesen, durch mündliche Absprache mit diesem sich ausdrücklich das Recht zu sichern, im Falle des Zustandekommens des Mobiliarverkaufes die ihm hieraus entstehende Preisforderung sofort nach ihrer Entstehung und ohne Rücksicht darauf, daß der erste Termin der Immobiliarkaufpreisschuld erst am 1. Juli 1894 fällig sein sollte, auf diesen ersten Termin zur Aufrechnung bringen zu dürfen.

Dieser Absprache entsprechend ist der Beklagte verfahren, indem er sofort nach Abschluß des Mobiliarverkaufes am 1. Oktober 1892 den Zessionar brieflich davon in Kenntnis setzte, daß er einer mit Süß vor Abschluß des Zessionsvertrages getroffenen Übereinkunft gemäß die ihm gegen letzteren erwachsene Preisforderung von 1062 ℳ 50 ₰ auf den ersten Termin der abgetretenen Immobiliarkaufpreisschuld verrechnet habe und damit die erste Kapitalrate und der Betrag der bis zum 1. Oktober 1893 erwachsenen Zinsschuld getilgt sei.

So groß nun auch das Interesse sein mag, welches den Kläger bestimmt, die Wettschlagung nicht anzuerkennen, so wenig ist dieses sein Verhalten im Rechte begründet.

Beklagter geht zwar nicht so weit, zu behaupten, daß es im Sinne der von ihm mit Süß getroffenen Übereinkunft gelegen gewesen wäre, diesem letzteren das gesetzliche Recht zu entziehen, seine Immobiliarkaufpreisforderung ihrem ganzen Betrage nach zu zedieren; er geht aber von dem allgemein anerkannten Rechtssatze aus, daß der Zessionar kein besseres Recht besitzen kann als sein autor und deshalb gehalten ist, die Zahlungsbedingungen hinzunehmen, wie sie zur Zeit des Uebertrages zwischen Gläubiger und Schuldner vereinbart waren. Dabei begründet es keinen Unterschied, ob die Vereinbarung mündlich oder schriftlich, in einem Privatakte oder in einer öffentlichen Urkunde, gleichzeitig mit der Begründung des Forderungsrechtes oder erst nachträglich getroffen wurde. Entscheidend ist, daß sie getroffen wurde und zwar vor dem Übertrage oder genauer, vor der Bekanntgabe des Übertrages an den abgetretenen Schuldner.

Die hinsichtlich der Kompensation mit Jakob Süß getroffene Absprache schließt eine Vereinbarung über den Modus der Zahlung in sich, war vor dem geschehenen Übertrage getroffen und enthält deshalb alle Bedingungen, unter welchen sie nach dem Gesagten auch für den Zessionar verpflichtend sein mußte. Die Anwendung dieser Sätze ergibt hienach, daß die übertragene Forderung nur belastet mit dem Kompensationsrechte des Beklagten auf den Zessionar übergehen konnte und letzterer deshalb gehalten ist, die Wettschlagung in gleicher Weise gegen sich gelten zu lassen, wie hiezu sein autor verpflichtet wäre.

Dementgegen kann sich der Kläger auch nicht auf die Bestimmungen der Art. 1690 und 1295 C. c. berufen, aus dem schon hervorgehobenen Grunde, weil ein durch Vertrag geschaffenes Kompensationsrecht in Frage steht und das Vertragsrecht wie ein Gesetz die Parteien und ihre Rechtsnachfolger bindet.

Wiederholt wird hiernach, daß dem Beklagten keine Säumnis in der Zahlung zur Last liegt, mithin auch kein Grund zur Auflösung des Kaufvertrages gegeben sein kann, wenn aber ein solcher bestünde, der Zessionar aus den oben bemerkten Gründen nicht legitimirt wäre, das Resolutionsrecht auszuüben.

Schließlich wird noch in Erwähnung gebracht, daß Konrad Süß, Ackerer in Bobenheim, dem Beklagten als Besitzer der Liegenschaften in den jüngsten Tagen die Aufforderung zustellen ließ, dieselben zu räumen und an ihn, den Eigentümer, herauszugeben.

Beklagter, welcher hiernach der Gefahr der Entwährung ausgesetzt ist, entnimmt zwar aus dieser Thatsache nicht das Recht, bis zur Beseitigung der Gefahr jedwede Zahlung der Kaufpreisschuld verweigern zu dürfen; er nimmt jedoch Anlaß daraus, für den Fall seines Unterliegens im Entwährungsprozeß alle Rechte hier ausdrücklich sich vorzubehalten.

Aus diesen Gründen gefalle es der Zivilkammer des kgl. Landgerichts Frankenthal, die erhobene Klage als unbegründet abzuweisen und dem Kläger die Kosten des Prozesses zur Last zu legen.

Frankenthal, am 30. September 1894.

Der Prozeßbevollmächtigte des Beklagten:

Schlindwein,
Rechtsanwalt.

Abschrift erhalten am 1. Oktober 1894.

Krug,
Rechtsanwalt.

Erwiderungsschriftsatz

für

Karl Spies, Geschäftsmann, in Frankenthal wohnhaft, Kläger, durch Rechtsanwalt Krug vertreten,

gegen

Peter Abel, Ackerer, in Roxheim wohnhaft, Beklagten, durch Rechtsanwalt Schlindwein vertreten.

Die Einwände des Beklagten geben zu einer kurzen Entgegnung Anlaß.

Zum ersten Einwande, mittelst dessen die Legitimation des Klägers bestritten wird, genügt es, wiederholt auf die Bestimmung der Kaufurkunde vom 1. Juli 1893 hinzuweisen, welcher zufolge alle Rechte und Klagen des Verkäufers ohne jegliche Ausnahme auf den Zessionar übertragen wurden. Ein Grund, das Resolutionsrecht in die übertragenen Rechte nicht einzubegreifen, ist hienach gar nicht erfindlich.

Hinsichtlich der Einrede der Wettschlagung wird es nicht bestritten, daß Beklagter die behauptete Übereinkunft mit Jakob Süß vor Abschluß des Zessionsvertrages getroffen hatte; auch wird zugegeben, daß das vom Beklagten am 1. Juli 1894 gemachte Realanerbieten genügte, und von einer Zahlungssäumnis desselben keine Rede mehr sein könnte, falls die Einrede der Wettschlagung als rechtlich begründet sich darstellen würde. Die rechtliche Begründung der Einrede ist aber dem Gegner nicht gelungen. So richtig die Rechtssätze, von welchen er ausgeht, an sich auch sein mögen, so wenig sind dieselben in der vorliegenden Sache entscheidend.

Der Gegner räumt ein, daß der von ihm behaupteten Übereinkunft keineswegs die Tragweite zukommen sollte, das Zessionsrecht des Verkäufers Süß irgendwie zu beschränken. Wäre ihm aber selbst eine solche Tragweite zugekommen, so würde die Absprache als gegen die Art. 6, 1133 C. c. verstoßend, jeder rechtlichen Wirkung entbehren. Steht hiemit fest, daß durch die Vornahme der Zession ein Vertragsrecht des Beklagten nicht verletzt worden ist, so ist gar nicht abzusehen, welche Bedeutung der Übereinkunft dem Zessionar gegenüber noch zukommen könnte.

Derselbe muß die übertragene Forderung allerdings in dem Zustande hinnehmen, welcher zur Zeit der Zustellung des Übertrags an den abgetretenen Schuldner bestanden hatte. Durch diesen Satz wird aber nichts an der Thatsache geändert, daß der Kläger doch nur die Forderung kaufte, nicht aber auch die Schuld, welche der Zedent Süß nach Vornahme und nach geschehener Zustellung der Zession dem Beklagten gegenüber einging. War aber der Zessionar nicht

Schuldner der Forderung, so konnte sie auch vom Beklagten nicht zur Wettschlagung mit seiner Schuld an den Zessionar benützt werden.

Diese Rechtslage kann angesichts der Art. 1289, 1295 1298 C. c. durch die vor der Zession geschehene Übereinkunft in keiner Weise beeinflußt werden.

Dementsprechend hat Kläger das vom Beklagten brieflich an ihn gestellte Ansinnen, die Wettschlagung anzuerkennen, in einer brieflichen Entgegnung sofort als ungerechtfertigt abgelehnt. Kläger hält diese Ablehnung fest und begehrt den Zuspruch der Klage. Dieser Zuspruch kann auch durch die dem Beklagten widerfahrene Androhung der Entwährung nicht aufgehalten werden, nachdem derselbe in seiner Klagebeantwortung selbst erklärt hat, daß er nicht in der Lage sei, auf Grund jener Thatsache seine Zahlungssäumnis zu rechtfertigen.

Aus diesen Gründen

gefalle es dem kgl. Landgerichte, unter Verwerfung der Einreden des Beklagten, dem in der Klage angenommenen Antrag zuzusprechen.

Frankenthal, am 6. Oktober 1894.

Der Prozeßbevollmächtigte des Klägers:

Krug,
Rechtsanwalt.

Abschrift erhalten.

Frankenthal, am 7. Oktober 1894.

Schlindwein,
Rechtsanwalt.

Hauptinterventionsklage

für

Konrad Süß, Ackerer, in Bobenheim wohnhaft, Hauptinterventionskläger, durch den Rechtsanwalt Raab vertreten, gegen

Karl Spies, Geschäftsmann, in Frankenthal wohnhaft, durch Rechtsanwalt Krug vertreten,

und gegen

Peter Abel, Ackerer, in Roxheim wohnhaft, durch Rechtsanwalt Schlindwein vertreten, als Hauptinterventionsbeklagte, wegen Feststellung des Eigentums und Vindikation.

Wert des Streitgegenstandes 5000 ℳ.

Jakob Süß, Ackerer in Bobenheim, verkaufte durch notariell verbrieften Vertrag vom 1. Juli 1893 die untenbeschriebenen Liegenschaften an den obengenannten Ackerer Peter Abel und zedirte den 5000 ℳ betragenden Kaufpreis an den gleichfalls vorgenannten Karl Spies. Letzterer machte am 18. September 1894 bei der Zivilkammer des kgl. Landgerichts Frankenthal gegen Abel eine Klage rechtshängig, mittelst welcher er Auflösung des Kaufvertrags vom 1. Juli 1893 sowie die Herausgabe der mittelst desselben verkauften Liegenschaften begehrt hat. Abel bestreitet das Auflösungsbegehren als ungerechtfertigt und verweigert aus diesem Grunde die begehrte Herausgabe.

Der Hauptintervenient nimmt nun das Eigentum dieser nämlichen Liegenschaften für sich in Anspruch, unter gleichmäßiger Verneinung der entgegenstehenden Rechte, welche in dem zwischen Spieß und Abel anhängigen Prozesse von den beiden Parteien desselben zur Geltung gebracht werden wollen.

Die Begründung des Interventionsanspruches stützt sich auf den folgenden Sachverhalt:

Laut Aktes vor Notar Jakobi in Frankenthal vom 1. August 1880 schlossen Konrad Süß und dessen in Gütergemeinschaft mit ihm lebende Ehefrau Luise Uhl mit Max Adler, Handelsmann in Bobenheim, einen Kaufvertrag ab, inhaltlich dessen dieser Letztere an die bei Errichtung der Urkunde anwesenden und den Kauf ausdrücklich annehmenden Eheleute Konrad Süß und Luise Uhl die untenbeschriebenen

Liegenschaften um den Preis von 5000 ℳ verkauft und den Kaufpreis bar bei Errichtung der Urkunde von den Käufern empfangen hat. Auf Grund dieses in die eheliche Gütergemeinschaft gefallenen Erwerbs war Konrad Süß, als der Herr dieser Gütergemeinschaft, für die Dauer des Bestandes derselben verfügungsberechtigter Eigentümer geworden.

Seines, auf den angeführten Titel sich stützenden Eigentumsrechtes hat Konrad Süß sich niemals begeben. Laut Aktes des genannten Notars Jacobi vom 1. Mai 1886 verkaufte er zwar die Liegenschaften an seinen Bruder Jakob Süß um den Preis von 5000 ℳ. Dieser Eigentumsübertrag war aber kein ernstlicher, sondern nur zum Scheine geschehen, infolge von Umständen, welche dem Interventionsbeklagten Abel sehr wohl bekannt sein dürften.

Um rascher Geld zu verdienen und in seinen Verhältnissen vorwärts zu kommen, war Konrad Süß auf einige Jahre nach Amerika gegangen. Hiezu hatte er sich um so leichter entschlossen, als seine Ehe kinderlos geblieben und keineswegs eine friedliche gewesen war. Kurze Zeit vor seiner Abreise war aber Peter Abel auf Grund eines hier nicht in Erwähnung zu bringenden Vorfalles mit einer durchaus ungerechtfertigten Entschädigungsforderung gegen den Konrad Süß aufgetreten. Um nun während der Dauer seiner Abwesenheit seinen Immobiliarbesitz gegen jeden Gläubigerangriff sicher zu stellen und insbesondere einem klageweisen Vorgehen des Abel von vornherein jede Aussicht auf einen praktischen Erfolg zu benehmen, hatte Konrad Süß kurz vor seinem Weggange mit seinem Bruder Jakob den obenerwähnten Scheinverkauf abgeschlossen. Dabei unterließ er es nicht, seiner größeren Sicherheit wegen von seinem Bruder Jakob einen Rückschein sich ausstellen zu lassen, in welchem derselbe den Scheincharakter des in der Urkunde vom 1. Mai 1886 verbrieften Verkaufes ausdrücklich bekannte und sich verpflichtete, gegen den ihm einstweilen überlassenen Früchtebezug alljährlich die Summe von 175 ℳ an die zurückgebliebene Ehefrau des Konrad Süß zu entrichten.

Hinsichtlich der Gründe, welche den Jakob Süß veranlaßten, den Scheinakt zu mißbrauchen und eine Weiterveräußerung vorzunehmen, kann der Hauptintervenient nur seiner Überzeugung Ausdruck geben, daß er von seinem Bruder infolge des jahrelangen Ausbleibens jeglicher Nachricht für verschollen geglaubt wurde und dieser schließlich auf das Drängen anderer hin zum Mißbrauche sich hergab. Diese andern waren aber die Ehefrau des Hauptintervenienten, welche von Jakob Süß einen Teil des Zessionspreises sich ausbezahlen ließ, und vor allem der Interventionsbeklagte Abel, welcher durch den billigen Erwerb der von Konrad Süß bedeutend überbesserten Liegenschaften ein äußerst vorteilhaftes Geschäft machte und auf diese Weise für den Ausfall seines vermeintlichen Entschädigungsanspruchs sich schadlos hielt.

Der Hauptintervenient ist überzeugt, daß Machinationen, wie sie von Jakob Süß und seinen Genossen geübt worden sind, den Schutz des Gerichtes nicht finden, vielmehr erkannt werden wird, daß die auf dem Mißbrauche des Scheinaktes beruhenden Rechte der Interventionsbeklagten hinfällig sind, wie der Scheinakt selbst, und dem Eigentumsrechte des Intervenienten gegenüber nicht zu bestehen vermögen.

Dementsprechend begehrt der Interventionskläger von dem Besitzer der Liegenschaften die Ausantwortung und gegenüber dem Interventionsbeklagten Spies die Feststellung, daß dessen Resolutionsrecht gegenüber dem Eigentume des Interventionsklägers nicht zu Recht besteht und die Vindikation nicht zu hindern vermag.

Hienach ergeht an die beiden Interventionsbeklagten Ladung vor die Zivilkammer des kgl. Landgerichts Frankenthal zu dem von dem Vorsitzenden dieser Kammer anberaumten Termine.

Für den Hauptinterventionskläger wird der Antrag gestellt:

Es gefalle der Zivilkammer des kgl. Landgerichtes

1. dem Interventionsbeklagten Spies gegenüber festzustellen, daß der Hauptintervenient Konrad Süß Eigentümer der untenbeschriebenen Liegenschaften ist; daß diesem Eigentumsrechte gegenüber das im Hauptprozesse von Spies geltend gemachte Resolutionsrecht nicht zu Recht besteht, dasselbe also dem vom Hauptintervenienten gegen den Mitbeklagten Abel erhobenen Vindikationsanspruche nicht entgegensteht,

2. den Interventionsbeklagten Abel zu verurteilen, an den Hauptintervenienten die nachbeschriebenen Liegenschaften frei von allen darauf gelegten Lasten auszuantworten,

3. den beiden Interventionsbeklagten die Kosten der Hauptintervention zur Last zu legen.

Beschreibung der Liegenschaften: Plannummer 608—612, 120 ar Ackerland beisammen gelegen in der Abteilung Galgenfeld im Banne von Bobenheim.

Frankenthal, den 10. Oktober 1894.

Der Prozeßbevollmächtigte des Hauptinterventions-Klägers:
Raab,
Rechtsanwalt.

Vorstehende Klageschrift wird dem Vorsitzenden der Zivilkammer des kgl. Landgerichts Frankenthal vorgelegt mit der Bitte um Bestimmung des Termins zur mündlichen Verhandlung.

Frankenthal, am 10. Oktober 1894.

Der Prozeßbevollmächtigte des Hauptintervenienten:
Raab,
Rechtsanwalt.

Zur mündlichen Verhandlung über vorstehende Klage wird die Sitzung der Zivilkammer des kgl. Landgerichts Frankenthal vom 6. Dezember 1894, vormittags 9 Uhr bestimmt.

Frankenthal, den 11. Oktober 1894.

Der Vorsitzende der Zivilkammer:
Sorg, kgl. Landgerichtspräsident.

Bemerkung: Die Hauptinterventionsklage wurde den Prozeßbevollmächtigten der Interventionsbeklagten, den Rechtsanwälten Krug und Schlindwein am 12. Oktober 1894 in gehöriger Weise zugestellt.

Beantwortung der Hauptinterventionsklage.

In Sachen

1. Peter Abel, Ackerer, in Roxheim wohnhaft, Interventionsbeklagter, durch Rechtsanwalt Schlindwein vertreten,
2. Karl Spies, Geschäftsmann, in Frankenthal wohnhaft, Interventionsbeklagter, durch Rechtsanwalt Krug vertreten,

gegen

Konrad Süß, Ackerer, in Bobenheim wohnhaft, Hauptinterventionskläger, durch Rechtsanwalt Raab vertreten.

Für den Interventionsbeklagten Abel wird auf die Klage erwidert:

Es wird davon Umgang genommen, in dem gegenwärtigen Rechtsstreite auf den vom Hauptintervenienten in Erwähnung gebrachten Entschädigungsanspruch des Abel einzugehen und über die Gründe Aufschluß zu geben, aus welchen derselbe seither davon Abstand nahm, seinen Anspruch gegen den Konrad Süß auf dem Wege der Klage zu verfolgen. In dieser Hinsicht soll nur bemerkt werden, daß Abel den Scheincharakter der von Konrad Süß an seinen Bruder vorgenommenen Veräußerung niemals bezweifelt hat und deshalb auch nie die Besorgnis hegte, dieser Scheinkauf könne ihn hindern, seinen Entschädigungsanspruch eintretenden Falles in die scheinweise verkauften Liegenschaften zu vollstrecken.

Der Klage des Hauptintervenienten gegenüber kann es lediglich darauf ankommen, ob derselbe aus dem Scheincharakter der von ihm vorgenommenen Veräußerung der Liegenschaften die Berechtigung entnehmen kann, den Drittbesitzer Abel mit der Vindikationsklage zu beunruhigen.

Hiezu wird geltend gemacht, daß diese Berechtigung dem Intervenienten keinesfalls zustehen kann, bevor er in einem mit seinem Bruder Jakob auszutragenden Rechtsstreite die Nichtigerklärung des mit diesem geschlossenen Scheinkaufes erwirkt hat. Dieser Kauf wurde in einer notariellen Urkunde verbrieft, welche vollen Beweis des in ihr beurkundeten Vorgangs begründet und muß deshalb formell zu Recht bestehen, insolange die Unwahrheit der in der öffentlichen Urkunde niedergelegten Willenserklärung nicht dargethan und auf Grund eines solchen Beweises die Nichtigkeit des verbrieften Geschäftes in einem zwischen den Vertragsparteien ergangenen richterlichen Erkenntnisse nicht ausgesprochen ist.

Hieraus ergiebt sich, daß der Erwerb des Drittbesitzers Abel, welcher auf dem zwischen den Gebrüdern Süß geschlossenen Kaufe beruht, zu Recht besteht und mit der Vindikationsklage nicht angegriffen werden kann, bevor die Annullierung jenes Kaufes, auf den er sich gründet, erfolgt ist.

Wie wenig das Vorgehen des Hauptintervenienten dem Gesetze entsprechen kann, erhellt am deutlichsten aus der Betrachtung der Unzuträglichkeiten, welche sich aus demselben ergeben können.

In dieser Hinsicht wird es nicht zu verkennen sein, daß der eingeschlagene Weg, vor erfolgter Annullierung des Scheingeschäftes zuvörderst den Drittbesitzer anzugreifen, denkbarer Weise zu dem Ergebnisse führen könnte, daß in gegenwärtigem Rechtsstreite der Drittbesitzer Abel entwährt, späterhin aber in dem mit Jakob Süß zu führenden Rechtsstreite die Annullierung des zwischen den Gebrüdern Süß geschlossenen Kaufgeschäfts verweigert wird.

Daß ein solches Ergebnis gewiß nicht dem Gesetze entspräche, zeigt die Betrachtung, daß der Entwährungsanspruch auf die Nichtigkeit des Scheingeschäfts sich gründet, sonach mit Unrecht im gegenwärtigen Rechtsstreite zum Zuspruch gelangte, falls im späteren Prozesse die Aufrechterhaltung des Kaufgeschäftes der Gebrüder Süß verfügt werden würde.

Es wäre deshalb zur Vermeidung der Unzuträglichkeiten, welche derartig sich widersprechende Erkenntnisse darbieten müßten, zum mindesten erforderlich gewesen, daß der Intervenient auch den Mitkontrahenten des Scheingeschäftes, seinen Bruder Jakob, mit in die gegenwärtige Instanz gezogen und dadurch bewirkt hätte, daß eine einheitliche, auch dem Jakob Süß gegenüber wirksame Entscheidung zu ergehen vermöchte. So gewiß es hienach ist, daß die Entwährung des Drittbesitzers nicht eintreten kann, wenn nicht vorher oder wenigstens gleichzeitig die urteilmäßige Annullierung des Scheingeschäftes erfolgt, so wenig kann der Intervenient im gegenwärtigen Rechtsstreite mit seinem Vindikationsanspruche durchdringen.

Überdies geben die Ausführungen in der Klage zu einigen weiteren Gegenbemerkungen Anlaß:

Der Intervenient hat nämlich in der Klage von Machinationen gesprochen, deren Opfer er geworden sei.

Um die hiebei von ihm in's Auge gefaßten Vorgänge thatsächlich richtig zu stellen und zugleich jeder nachteiligen Folgerung vorzubeugen, welche eintretenden Falles aus einem dolus des Abel etwa sich ziehen ließe, ist es nötig, an dieser Stelle das Folgende zu entgegnen:

Der Hauptintervenient konnte es nicht umgehen, in der Klage das Geständnis niederzulegen, daß er den Scheinverkauf in der betrügerischen Absicht vornahm, seinen Gläubigern, insbesonders dem Interventionsbeklagten Abel, Gegenstände der Zwangsvollstreckung zu entziehen. Als völlig ungerechtfertigt muß es hiernach bezeichnet werden, wenn der Hauptintervenient, welcher selbst arglistig verfuhr, zur Begründung seines Anspruchs auf den dolus des Gegners Bezug nimmt.

Von einem dolus des Abel kann aber auch nach Beschaffenheit der Umstände kaum mehr gesprochen werden.

Wie schon oben erwähnt worden ist, hatte derselbe allerdings den Scheincharakter des zwischen den Gebrüdern Süß geschlossenen Scheingeschäftes von vornherein recht wohl gekannt. Wenn aber der Interventionsbeklagte Abel trotz jener Kenntnis kein Bedenken trug, die Liegenschaften von

Jakob Süß zu kaufen, so war dies darin begründet, daß Konrad Süß allgemein als verschollen galt, Jakob Süß der einzige mutmaßliche Erbe war und die Ehefrau des Konrad Süß, welche außer den genannten allein noch an der Sache Interesse nehmen konnte, mit dem Verkaufe an Abel sich einverstanden erklärte. Hauptintervenient erwähnte ja selbst, daß seine Ehefrau einen Teil des Zessionspreises bezogen hat.

Diese Darlegungen lassen zur Genüge erkennen, daß eine Prüfung der Sache vom Gesichtspunkte des dolus aus gleichfalls zu Ungunsten des Intervenienten ausfallen müßte.

Für den Interventionsbeklagten Abel wird hiernach beantragt:

Es gefalle der Zivilkammer des kgl. Landgerichts Frankenthal, die Hauptinterventionsklage abzuweisen und dem Hauptintervenienten die Kosten derselben zur Last zu legen.

Frankenthal, am 20. Oktober 1894.

Der Prozeßbevollmächtigte des Interventionsbeklagten Abel:

Schlindwein,
Rechtsanwalt.

Abschrift erhalten

Frankenthal, am 21. Oktober 1894.

Raab. Krug.

Beantwortung
der Interventionsklage.

In Sachen

1. Karl Spies, Geschäftsmann, in Frankenthal wohnhaft, Interventionsbeklagter, durch Rechtsanwalt Krug vertreten,
2. Peter Abel, Ackerer, in Roxheim wohnhaft, Mitbeklagter, durch Rechtsanwalt Schlindwein vertreten,

gegen

Konrad Süß, Ackerer, in Bobenheim wohnhaft, Interventionskläger, durch Rechtsanwalt Raab vertreten.

Für den Interventionsbeklagten Spies wird auf die Klage folgendes entgegnet:

Von den thatsächlichen Umständen, welche den Liegenschaftserwerb des Jakob Süß begleiteten, hatte der Interventionsbeklagte Spies nicht die mindeste Kenntnis gehabt. Im Hinblick auf den Rückschein und die Stellungnahme des mit den Verhältnissen besser vertrauten Mitbeklagten Abel ist deshalb der Interventionsbeklagte Spies so wenig, wie sein Streitgenosse, in der Lage, den Scheincharakter des zwischen den Gebrüdern Süß zustande gekommenen Kaufgeschäfts in Zweifel zu ziehen.

Anderseits eignet sich aber der Interventionsbeklagte Spies auch den Rechtsbehelf an, welcher von Abel in erster Linie dem Vindikationsanspruche entgegen gesetzt wurde und geeignet ist, wie diesen, so auch den gegen Spies erhobenen Feststellungsanspruch als ungerechtfertigt erscheinen zu lassen. Unter Bezugnahme auf die in der Klagebeantwortung des Abel gegebenen Darlegungen wird deshalb auch für den Interventionsbeklagten Spies geltend gemacht, daß von einer Begründung der Interventionsklage unter keinen Umständen die Rede sein kann, so lange das Scheingeschäft formal zu Recht besteht und daß es deshalb, sowie zur Vermeidung widersprechender Erkenntnisse Sache des Konrad Süß gewesen wäre, entweder in einem gegen Jakob Süß geführten Vorprozesse oder durch Hereinziehung desselben in die gegenwärtige Instanz die gerichtliche Annullierung des Scheingeschäftes zu erwirken.

Eine von der Klagebeantwortung des Abel abweichende Darlegung ist geboten, insoweit für die Entscheidung der gute Glaube der Parteien in Betracht kommen könnte.

Hiezu wird betont, daß Interventionsbeklagter Spies nur im Vertrauen auf die volle Redlichkeit des Geschäftes den Zessionsvertrag abschloß und von dem Scheincharakter des Liegenschaftserwerbes des Jakob Süß keine Ahnung gehabt hatte.

Es ist aber ein allgemein anerkannter, und auch in Art. 1321 C. c. zum Ausdruck gebrachter Rechtssatz, das der Dritte, welcher in gutem Glauben von einer der Vertragsparteien des Scheingeschäftes Rechte erwirbt, von keiner dieser Parteien durch die nachträgliche Geltendmachung des Scheincharakters in irgend welchen Nachteil versetzt werden kann.

Interventionsbeklagter Spies beruft sich auf diesen Rechtssatz und legt insbesonders Verwahrung dagegen ein, daß sein gegen Abel begründetes Resolutionsrecht wegen des bösen Glaubens, in welchem dieser unzweifelhaft nach Maßgabe seines eignen Geständnisses bei dem Erwerbe der Liegenschaften befangen war, durch den vom Intervenienten gegen Abel erhobenen Vindikationsanspruch irgend welche Gefährdung erleiden könne.

Würde daher selbst dieser Vindikationsanspruch, für sich allein betrachtet, als begründet sich darstellen, so dürfte er gleichwohl nicht zum Zuspruch gelangen, weil dieser Zuspruch nicht erfolgen könnte, ohne das Resolutionsrecht des Zessionars Spies zu verletzen.

Aus diesen Gründen

gefalle es der Zivilkammer des kgl. Landgerichts Frankenthal, die Hauptinterventionsklage abzuweisen und dem Interventionskläger die Kosten derselben zur Last zu legen.

Frankenthal, am 24. Oktober 1894.

Der Prozeßbevollmächtigte des Interventionsbeklagten Spies:

Krug,
Rechtsanwalt.

Abschrift erhalten.

Frankenthal, am 24. Oktober 1894.

Raab. Schlindwein.

Erwiderung

für

Konrad Süß, Ackerer, in Bobenheim wohnhaft, Interventionskläger, durch Rechtsanwalt Raab vertreten,

gegen

1. Karl Spies, Geschäftsmann, in Frankenthal wohnhaft,
2. Peter Abel, Ackerer, in Roxheim wohnhaft,

Interventionsbeklagte, ersterer durch Rechtsanwalt Krug, letzterer durch Rechtsanwalt Schlindwein vertreten.

Auf einem Rechtsirrtum beruht es, wenn die Gegner einen formalen Bestand des Scheingeschäfts behaupten und im Anschlusse hieran das Erfordernis aufstellen, es müsse der Intervenient zunächst einen Prozeß mit seinem Bruder führen, um eine gerichtliche Annullierung des Scheingeschäftes herbeizuführen.

Der Intervenient war unbestrittenermaßen Eigentümer der Liegenschaften geworden, hat sein Eigentumsrecht durch Vornahme des Scheinverkaufs nicht aufgegeben, und ist deshalb berechtigt, gegen jedweden, der das Eigentumsrecht des Intervenienten sich selbst anmaßt, auf dem Wege der Klage vorzugehen.

Hieran kann der Hinweis auf die Beweiskraft der öffentlichen Urkunden nicht das Mindeste ändern.

Nicht minder unbehelflich ist es, wenn die Gegner das Unzuträgliche widersprechender Erkenntnisse hervorheben und hieraus den Grund entnehmen, aus welchem zum wenigsten eine Hereinziehung des Jakob Süß in den gegenwärtigen Rechtsstreit hätte erfolgen müssen.

Der Intervenient will seine Liegenschaften zurückerlangen und richtet seine Klage gegen diejenigen, welche sich seinem Begehren entgegenstellen; in dieser Hinsicht hat er nicht das geringste Interesse daran, seinen Bruder mit in die Instanz zu ziehen. Auf welche gesetzliche Bestimmung es aber sich gründet, daß der Intervenient gezwungen sein könnte, gegen seinen Willen die Hereinziehung des Jakob Süß in den Rechtsstreit zu bethätigen, ist nicht zu ersehen und auch von den Gegnern nicht angeführt worden.

Zu widerlegen sind hiernach noch die Ausführungen, mittelst welcher der Drittbesitzer einen die Folgen seiner eignen Arglist unschädlich machenden dolus des Hauptintervenienten herzustellen versucht und der Zessionar auf seinen guten Glauben sich beruft, vermeinend, hiedurch der Klage des Intervenienten begegnen zu können.

Die Partei Schlindwein läßt ganz außer Acht, daß die Absicht des Konrad Süß bei Vornahme des Scheingeschäfts nur dahin gegangen war, einem nach seiner Überzeugung unberechtigten Angriff auf sein Vermögen vorzubeugen, dieses Bestreben aber als ein arglistiges um so weniger sich bezeichnen läßt, als Abel bis zur Stunde es unterlassen hat, die Berechtigung seines Anspruchs im Prozeßwege darzuthun. Verdiente aber selbst das Verhalten des Konrad Süß die erwähnte Bezeichnung, so wäre gleichwohl nicht abzusehen, welche Folgerungen hieraus für die vorliegende Streitsache gezogen werden wollen. Das Motiv, aus welchem der Scheinverkauf vorgenommen wurde, kann nichts an der Thatsache ändern, daß ein Scheingeschäft vorliegt, und dieses eine rechtliche Wirkung nicht zu erzeugen vermag.

Dem Zessionar ist sodann zu erwidern, daß die Bestimmung des Art. 1321 C. c. überhaupt nicht dazu dienen kann, Scheinverkäufen und den darauf beruhenden Rechtsgeschäften eine rechtliche Existenz zu verschaffen, welche ihnen von vornherein nicht zukommen konnte.

Abgesehen hievon ist der Zessionar als Erwerber der Kaufpreisforderung des Jakob Süß kein Dritter im Sinne des angeführten Artikels und deshalb auch als solcher nicht in der Lage, auf seinen guten Glauben und den von ihm in Erwähnung gebrachten Rechtssatz sich zu berufen. Als Rechtsnachfolger des Jakob Süß mußte er die ihm von diesem übertragenen Rechte hinnehmen, mit allen Mängeln, welche denselben im Besitze ihres autor zukamen. So unstreitig es nun ist, daß Jakob Süß, welcher bei Errichtung des Scheinaktes mithalf, und den Rückschein ausstellte, unter keinen Umständen dazu berechtigt sein könnte, ein gegen Abel begründetes Resolutionsrecht dem Eigentumsrechte des Intervenienten entgegen zu stellen, so wenig kann diese Befugnis dem Zessionare zustehen, welcher kein besseres Resolutionsrecht zu besitzen vermag, als sein autor es hatte, vielmehr den bösen Glauben des letzteren vertreten muß.

Aus dem gleichen Gesichtspunkte widerlegt sich auch die Behauptung des Zessionars, daß seines guten Glaubens wegen auch der Zuspruch des gegen den bösgläubigen Drittbesitzer an sich begründeten Vindikationsanspruches nicht erfolgen könnte. Aus der Begründung dieses Anspruchs gegen den bösgläubigen Drittbesitzer würde sich vielmehr nur die Folgerung ergeben, daß der entwährte Drittbesitzer keinen Kaufpreis mehr schuldete und hienach von einem dem Eigentumsrechte des Intervenienten entgegenstehenden Resolutionsrechte des Zessionars überhaupt keine Rede mehr sein könnte.

Intervenient hat hiernach gar kein Interesse daran, den guten Glauben des Zessionars in Zweifel zu ziehen und den im Hauptprozesse erörterten Fragen näher zu treten, dahin gehend, ob der Zessionar überhaupt das Resolutionsrecht des Verkäufers erwarb und ob wegen einer Zahlungssäumnis des Abel ein Grund zur Auflösung des Vertrages entstanden ist.

Aus diesen Gründen

gefalle es der Zivilkammer des kgl. Landgerichts Frankenthal, den in der Interventionsklage gestellten Anträgen stattzugeben.

Frankenthal, den 3. November 1894.

Der Prozeßbevollmächtigte des Hauptintervenienten:

Raab,
Rechtsanwalt.

Abschrift erhalten.

Frankenthal, am 5. November 1894.

Krug. Schlindwein.

Gegenwärtig:
Landgerichtspräsident Sorg als Vorsitzender, die Landgerichtsräte Weber und Seidel als beisitzende Richter, Orth, Sekretär, als Gerichtsschreiber.

Protokoll

aufgenommen in der öffentlichen Sitzung der Zivilkammer des kgl. Landgerichts Frankenthal am 6. Dezember 1894 über die mündliche Verhandlung
in Sachen
Karl Spies, Geschäftsmann, in Frankenthal wohnend, Kläger, durch Rechtsanwalt Krug vertreten,
gegen
Peter Abel, Ackerer, in Roxheim wohnhaft, Beklagten, durch Rechtsanwalt Schlindwein vertreten,
wegen Auflösung eines Kaufvertrages
und in Sachen
Konrad Süß, Ackerer, in Bobenheim wohnhaft, Hauptinterventionskläger, durch den Rechtsanwalt Raab vertreten,
gegen
die vorgenannten Karl Spies und Peter Abel, beide vertreten wie oben, Hauptinterventionsbeklagte,
wegen Feststellung des Eigentums und Vindikation
erschienen nach Aufruf
die genannten Rechtsanwälte der Parteien, worauf der Vorsitzende die mündliche Verhandlung eröffnete.

Zuvörderst stellte Rechtsanwalt Krug namens der von ihm vertretenen Partei den Antrag, es gefalle der Zivilkammer des kgl. Landgerichts, die beiden aufgerufenen Klagesachen zum Zwecke gleichzeitiger Verhandlung und Entscheidung zu verbinden.

Zur Begründung trug er das in beiden Klagen in Betracht kommende Streitverhältnis vor unter Bekanntgabe der in den Schriftsätzen niedergelegten Parteianträge.

Die Rechtsanwälte Schlindwein und Raab erklärten namens der von ihnen vertretenen Parteien dem gestellten Verbindungsantrag beizustimmen.

Nach stattgehabter Beratung des Gerichts verkündete der Vorsitzende desselben den folgenden Gerichtsbeschluß:

Die Zivilkammer des kgl. Landgerichts Frankenthal verfügt die Verbindung der beiden aufgerufenen Klagen zum Zwecke der gleichzeitigen Verhandlung und Entscheidung.

Hiernach verlasen die Prozeßbevollmächtigten der bei der Erstklage beteiligten Parteien die Anträge, welche in ihren zur Auflösungsklage gefertigten und dem gegenwärtigen Protokolle als Anlagen beigefügten vorbereitenden Schriftsätzen niedergelegt sind und begründeten dieselben im Wesentlichen in gleicher Weise wie in den vorbereitenden Schriftsätzen.

Bei Vortrag des Thatbestandes verlas Rechtsanwalt Krug die nachbezeichneten, zu den Gerichtsakten gegebenen Urkunden:

1. Die vor Notar Becker in Frankenthal am 1. Juli 1893 errichtete Kaufurkunde,
2. den von demselben Notar am 1. September 1893 errichteten Zessionsvertrag nebst dem Nachweise der an den abgetretenen Schuldner erfolgten Kundgabe der Zession.

Alsdann verlasen die Prozeßbevollmächtigten der bei der Hauptinterventionsklage beteiligten Parteien die Anträge, welche in ihren zu dieser Klage gefertigten und dem gegenwärtigen Protokolle als Anlage beigefügten vorbereitenden Schriftsätzen niedergelegt sind und begründeten dieselben im wesentlichen in gleicher Weise wie in den vorbereitenden Schriftsätzen.

Bei Vortrag des Sachverhaltes brachte der Prozeßbevollmächtigte des Hauptintervenienten folgende zu den Gerichtsakten gegebenen Urkunden zur Verlesung:

1. Kaufurkunde, errichtet vor Notar Jacobi in Frankenthal am 1. August 1880,
2. Kaufurkunde desselben Notars vom 1. Mai 1886,
3. Privaturkunde vom gleichen Tage, Rückschein des Jakob Süß enthaltend.

Überdies nahm derselbe Bezug auf die bereits zur Erstklage verlesene Kaufurkunde vom 1. Juli 1893 und die Zessionsurkunde vom 1. September 1893.

Auf Befragen des Vorsitzenden wurde noch erklärt:

1. von Rechtsanwalt Schlindwein zur Auflösungsklage:

Beklagter Abel sei eintretenden Falles nicht im Stande, den in der Kaufurkunde vom 1. Juli 1893 bedungenen Kaufpreis zu bezahlen, auch könne derselbe die Zeit nicht bestimmen, binnen welcher er die Zahlung zu leisten vermöge.

2. Von den Prozeßbevollmächtigten der drei Parteien zu den beiden Klagen:

Beweise würden nicht erboten; thatsächliche Aufstellungen, welche nicht ausdrücklich widersprochen worden seien, würden als richtig zugegeben. Hinsichtlich der Früchte der Liegenschaften werde nach rechtskräftig gewordener Entscheidung der Hauptsache eine gütliche Regelung erfolgen, weshalb in dieser Richtung ein Erkenntnis nicht begehrt werde.

Nachdem hiemit die Sache erschöpfend erörtert war und die Prozeßbevollmächtigten auf weiteres Befragen erklärt hatten, zu weiteren Bemerkungen keinen Anlaß zu haben, wurde die verbundene Verhandlung vom Vorsitzenden für geschlossen erklärt.

Nach stattgehabter Beratung des Gerichts verkündete sodann der Vorsitzende das anruhende Urteil.

Worüber Protokoll, welches den Rechtsanwälten der Parteien zur Durchsicht vorgelegt, von denselben genehmigt und hienach vom Vorsitzenden und dem Gerichtsschreiber unterschrieben wurde.

Sorg.

Orth.

Frage aus dem Protestantischen Kirchenrechte.

In der Gemeinde N. beschlossen 30 dort wohnhafte Protestanten, Anhänger der Arbeiterpartei, die Gründung einer freireligiösen Gemeinde, konstituirten sich nach Maßgabe des Vereinsgesetzes und erstatteten der Orts- und Distriktspolizeibehörde entsprechende Anzeige.

Als Prediger und Religionslehrer wurde der in der benachbarten außerbayerischen Gemeinde wohnhafte X, Prediger der dort bestehenden freireligiösen Gemeinde, gewonnen.

Um nun ihr Verhältnis mit der protestantischen Kirche zu lösen, erscheinen eines Tages, in Vollziehung eines Generalversammlungsbeschlusses 18 dieser Vereinsmitglieder in der Wohnung des protestantischen Pfarrers, wo dann der Sprecher, nachdem er sich und die Einzelnen vorgestellt, seinen und dieser aller Austritt aus der Kirche erklärte. Derselbe habe sich auch auf die Frauen und noch schulpflichtigen Kinder der Deklaranten zu erstrecken.

Kurz darauf stellten sich 4 weitere Vereinsgenossen ein, welche, da der Pfarrer inzwischen ausgegangen, dieselbe Erklärung vor dem sie annehmenden Küster abgaben. Letzterer war nämlich durch den von vorgedachtem Generalversammlungsbeschlusse bereits unterrichteten Pfarrer ausdrücklich ermächtigt worden, falls noch weitere dieser Leute sich vorstellig machen sollten, deren Erklärungen entgegenzunehmen.

Die letzten acht in der Pfarrwohnung Erschienenen fanden niemand mehr zu Hause, weshalb sie tags darauf in einem förmlichen notariellen Akte die Erklärung ihres Austritts aus der Kirche dem Pfarramte übersandten.

Einige Tage später erschienen im Pfarrhause 6 Frauen der ersterwähnten Vereinsgenossen, energisch protestierend für sich und ihre Kinder gegen den unüberlegten Schritt ihrer Ehemänner.

Bezüglich 6 weiterer der obengedachten 18 Deklaranten hatte sich das Pfarramt, da jene die bayerische Staatsangehörigkeit nicht besaßen, vielmehr preußische und mecklenburgische

Lutheraner waren, an deren zuständige Pfarrämter zur etwaigen Erinnerungsabgabe gewandt. Von dort traf die übereinstimmende Erklärung ein, daß die erwähnte Austrittserklärung, weil nach den dort bestehenden landeskirchlichen Vorschriften unbestrittenermaßen ungenügend, nicht anerkannt werden könne.

Hierüber ließ das Pfarramt den Betreffenden Mitteilung zugehen.

Ungeachtet dieser Vorgänge begann der freireligiöse Prediger ohne Ermächtigung seitens irgend einer Behörde, mit Erteilung des freireligiösen (Religions-) Unterrichts an die Kinder der Vereinsmitglieder und zwar in einem vom Bürgermeisteramte auf Grund eines Gemeinderatsbeschlusses zur Verfügung gestellten öffentlichen Schullokale. Auch die Ortsschulkommission, welche in ihrer Majorität in dem vom Prediger vorgelegten „Leitfaden" der freireligiösen Glaubenslehre nichts Verfängliches fand, sah davon ab, wegen Fernbleibens dieser Kinder vom öffentlichen protestantischen Religionsunterrichte und der Christenlehre nach Maßgabe der Kgl. Allerhöchsten Verordnung vom 2. September 1886, Gesetz- und Verordnungsblatt S. 585, vorzugehen.

Bei dieser Sachlage nahm das protestantische Presbyterium Anlaß, unterm 29. November folgenden dem kgl. Bezirksamte vorzulegenden Beschluß zu fassen.

1. Da die freireligiösen Gemeinden in Bayern eine verfassungsmäßige Anerkennung seitens der kgl. Staatsregierung nicht gefunden, sei die von der Gemeindeverwaltung beliebte Überlassung eines öffentlichen Schullokales an den freireligiösen Verein zu dessen angeblich religiösen Zwecken eine Verletzung der religiösen Gefühle der Protestanten und der unter dem Schutze der Verfassung stehenden Interessen der protestantischen Kirchengemeinde. Es sei daher die staatliche Aufsichtsbehörde gebeten, fraglichen Beschluß des Gemeinderats gemäß Art. 89 Abs. III der Gemeindeordnung außer Wirksamkeit zu setzen.

2. Prediger X sei, weil Nichtbayer und da er, lediglich im Besitze eines Gymnasial-Absolutoriums, weder ein Zeugnis über bestandene Pfarramts- noch Lehramts-Prüfung vorzulegen vermöge, nach den Bestimmungen der bayer. Verfassung, § 45 der Formationsverordnung vom 17. Dezember 1825 und § 9 der Verordnung vom 18. April 1873, Kreisamtsblatt Seite 417, zur Erteilung eines den öffentlichen Religionsunterricht ersetzenden Unterrichts nicht befugt. Es möge daher das kgl. Bezirksamt den X an der Ausübung dieser lehramtlichen Funktionen verhindern.

3. Keiner der in Frage stehenden Austrittserklärungen könne Rechtsgiltigkeit zukommen, teils weil sie nicht vorschriftsgemäß erfolgt, namentlich aber weil ihnen keine der nach § 10 der II. Verfassungsbeilage erforderlichen Übertrittserklärungen vor einem zuständigen Pfarrer der neuen Kirchengemeinschaft gegenüberstehe.

Das kgl. Bezirksamt wolle daher verfügen, daß zu der infolge Kirchen-Neubaues schon seit zwei Jahren in der Gemeinde zur Erhebung kommenden außerordentlichen Kultusumlage nach wie vor auch diese 30 Kultusgenossen herangezogen werden.

Erscheinen die Beschlüsse und Anträge des Presbyteriums gerechtfertigt oder nicht, und aus welchen Gründen?

Dem Herausgeber, dem eine größere Anzahl von Mitarbeitern zur Seite steht, kann nach dem vorliegenden ersten Hefte nur das Kompliment gemacht werden, daß er einerseits mit großer Wissenschaftlichkeit, anderseits mit eminentem Fleiße an die Lösung der schwierigen Aufgabe gegangen ist. Aus diesen Gesichtspunkten verdient das Unternehmen die wärmste Empfehlung und sei ihm der Wunsch mit auf den Weg gegeben, daß sich dasselbe zu Nutz und Frommen des herangehenden Juristenstandes erhalten möge."

Seit dieser Zeit sind vier Jahrgänge der „Juristischen Monatschrift" vollständig geworden und die seither ergangenen Beurteilungen bekunden, daß das Unternehmen auch wirklich gehalten hat, was es von Anfang an zu leisten versprochen hat. Aus diesen Urteilen ergibt sich u. A., daß die „Juristische Monatschrift" nicht nur das **vorzüglichste Vorbereitungsmittel für den Staatskonkurs** ist, sondern daß dieselbe auch geeignet ist, **während des Staatskonkurses selbst wesentliche Dienste zu leisten.** Gerade in dem letzten Staatskonkurse (1894) **konnte die „J. M." mehrmals mit Vorteil benützt werden.**

Aus dem reichen Inhalte der vier erschienenen Jahrgänge ist zu erwähnen, daß dieselben neben vielen Abhandlungen und Erörterungen (darunter die vorzügliche Abhandlung Dr. Stangl's über die „Vorbereitung auf die juristischen Prüfungen und juristisches Bücherwesen", dann über die „Zuständigkeit in Verwaltungsrechtssachen 2c. 2c.") die **Bearbeitungen der hauptsächlichsten Staatskonkursaufgaben aus den Jahren 1888, 1889, 1890, 1891, 1892 und 1893** enthalten.

Da nun die bisherigen Jahrgänge der „Jur. Monatschrift" zu einem **sehr ermäßigten Preise** abgegeben werden, empfiehlt sich deren Anschaffung sehr.

Kolibri 360 GmbH
Ferdinand-Jühlke-Straße 7
99095 Erfurt, Deutschland
produktsicherheit@kolibri360.de